C.H.BECK WISSEN

Aristoteles suchte ebenso wie sein Lehrer Platon nach den Ursachen und Gründen des Seienden. Aber Platon nahm an, dass es wirkliches Wissen nur von unveränderlichem Seienden geben könne, nämlich von den «Ideen». Dagegen nimmt Aristoteles zunächst die Natur als einen Bereich ständiger Veränderung in den Blick und sucht die Ursachen zu erkennen, auf die sich die verschiedenen Typen von Veränderung – Werden und Vergehen, Wachsen, qualitative Veränderung, Ortsbewegung – zurückführen lassen. So gelangt auch er zur Einsicht in etwas, was er für unvergänglich hält, wie die Himmelskörper, oder gar für unveränderlich, wie die Gattungen und Arten von Pflanzen- und Tierreich. Letztere treten bei ihm in gewissem Sinn an die Stelle der Platonischen «Ideen»; aus philosophischem Antrieb wird er zum Begründer der Biologie.

Oliver Primavesi ist Inhaber des Lehrstuhls für Griechische Philologie I der Ludwig-Maximilians-Universität München. Seine Arbeiten wurden mit dem Leibnizpreis der Deutschen Forschungsgemeinschaft gefördert.

Christof Rapp ist Inhaber des Lehrstuhls für Philosophie III der Ludwig-Maximilians-Universität München. Bei C.H.Beck ist von ihm u.a. erschienen: *Vorsokratiker* ([2]2007) und *Metaphysik. Eine Einführung* (2016).

Oliver Primavesi/Christof Rapp

ARISTOTELES

Verlag C.H.Beck

Mit zwei Karten auf den Umschlaginnenseiten
(© Peter Palm, Berlin)

Originalausgabe

Druck, Satz und Bindung: Druckerei C.H.Beck, Nördlingen
Reihengestaltung: Uwe Göbel, München
Umschlagabbildung: Büste des Aristoteles,
Museo Nazionale Romano, Palazzo Altemps;

Printed in Germany
ISBN 978 3 406 69772 2

www.chbeck.de

Inhalt

Vorwort 6

1. Was ist Philosophie? 7
2. Lebenslauf 10
3. Werk und Überlieferung 27
4. Argumentieren 37
5. Die veränderliche Welt 46
6. Wissenschaft 52
7. Seiendes 59
8. Die Himmelsbeweger 70
9. Körper und Seele 77
10. Lebewesen 87
11. Glückliches Leben 94
12. Staat 103
13. Dichtung 110
14. Wirkung 117

Literaturverzeichnis 126

Vorwort

Im Jahre 2016 jährt sich der Geburtstag des Aristoteles zum 2400. Mal. Diesen runden Geburtstag wollten die beiden Verfasser, die an der Münchner Ludwig-Maximilians-Universität Gräzistik bzw. Philosophie lehren und die an der *Munich School of Ancient Philosophy* in Forschung und Doktorandenausbildung zusammenarbeiten, nicht sang- und klanglos vorübergehen lassen. Deshalb haben sie im Sommersemester 2016 eine gemeinsame Vorlesung über Leben und Werk des Aristoteles gehalten und parallel dazu das vorliegende Buch geschrieben. Beabsichtigt war, dass jeder der beiden Autoren ihm wichtige Kernthemen vorstellt – unter strikter Beschränkung auf das Wesentliche und in möglichst prägnanter und verständlicher Form. Nicht beabsichtigt war, was sich angesichts dieser Zielsetzung von selbst verbot: enzyklopädische Vollständigkeit und das ausdrückliche Eingehen auf die zahllosen Forschungskontroversen, in denen das weltweit starke und eher noch zunehmende Interesse am Aristotelischen Denken in erfreulicher Weise zum Ausdruck kommt. Gerade deshalb sei auf die weiterführenden Literaturhinweise am Schluss des Bandes hingewiesen.

München, im Juli 2016 O. P. und Ch. R.

I. Was ist Philosophie?

In der Natur des Menschen, so stellt Aristoteles am Anfang der *Metaphysik* fest, liegt das Streben nach Wissen um seiner selbst willen. Als ein erstes Argument dafür macht er geltend, dass schon die Sinneswahrnehmungen, aus denen potenziell Wissen generiert wird, uns Freude machen, auch wenn wir gar keinen praktischen Nutzen aus ihnen ziehen. Deshalb ist es nach Aristoteles auch kein Zufall, dass uns unter den verschiedenen Sinnen am meisten der Sehsinn erfreut: Gerade er birgt das größte Erkenntnispotenzial.

Über Sinneswahrnehmung verfügen alle Lebewesen, d. h. auch die Tiere. Doch die Fähigkeit, aus Sinneswahrnehmungen Wissen zu generieren, hat unter allen Lebewesen nur der Mensch, wie Aristoteles in einem zweiten Argument zeigt. Schon die Fähigkeit, einzelne Sinneseindrücke zu speichern und sich später an sie zu erinnern, ist einigen Tierarten nicht gegeben. Und unter denjenigen Tierarten, die optische Eindrücke zu speichern vermögen, ist nur einigen zusätzlich auch der Gehörsinn zuteilgeworden, anderen aber, wie den Bienen, ist er vorenthalten geblieben. Dies hat nun Folgen für die Möglichkeit eines Lernens, das über bloßes Nachahmen hinausgeht: Gezielt etwas beibringen kann man nach Aristoteles nur den Lebewesen, die über Gehör verfügen und Sinneseindrücke speichern können. Freilich ist auch bei den Tierarten, die diese Bedingung erfüllen, die Fähigkeit, durch Unterricht zu lernen, nur rudimentär ausgeprägt, während sie beim Menschen dank der Sprache voll ausgebildet ist. In noch höherem Grade auf den Menschen beschränkt ist die Fähigkeit, mehrere Einzelerinnerungen, die ein und denselben Gegenstandsbereich betreffen, selbst zu einer einheitlichen Erfahrung (*empeiria*) zu synthetisieren. Erfahrung wiederum ist die notwendige Bedingung für die Erarbeitung von Sachverstand (*technē*) und Wissen, die nun vollends nur dem Menschen möglich ist.

Sachverstand kann nämlich nur in der Weise zustande kommen, dass man für gleichartige Beobachtungen, die man in einem bestimmten Gegenstandsbereich gemacht hat, eine gemeinsame Ursache nachweist: Sachverstand ist Ursachenwissen. Aristoteles demonstriert den Schritt von der Erfahrung zum Sachverstand an einem Beispiel aus der Heilkunde: In den Bereich der Erfahrung gehört die Erinnerung daran, dass dem Kallias bei einer bestimmten Fiebererkrankung stets ein bestimmtes Heilmittel geholfen hat, und dass es dem Sokrates stets genauso ergangen ist, und dass dies auch noch auf bestimmte weitere Patienten zutrifft. Im Menschen ist aber das Streben danach angelegt, sich mit solcher Tatsachenkenntnis nicht zu begnügen: Wenn bei einer Gruppe von Patienten ein und dasselbe Phänomen – z. B. die Wirksamkeit eines bestimmten Medikaments – beobachtet wurde, dann will man dies auch auf eine gemeinsame Ursache zurückführen. Im vorliegenden Fall wird man diese Ursache – nach der zur Zeit des Aristoteles in Griechenland herrschenden Hippokratischen Medizin – in der Zugehörigkeit dieser Patienten zu einem bestimmten Konstitutionstypus zu suchen haben, also z. B. darin, dass sie sämtlich Phlegmatiker oder sämtlich Choleriker sind. Die Kenntnis solcher Kausalzusammenhänge ist Sachverstand.

In einem dritten Argument weist Aristoteles nach, dass das menschliche Streben nach Ursachenwissen sich in der praktischen Verwertung solchen Wissens nicht erschöpft, sondern über jede praktische Verwertung hinaus fortbesteht. Ein Indiz dafür sieht Aristoteles darin, dass Sachverstand auch unabhängig von seiner praktischen Nützlichkeit geschätzt wird. Obwohl nämlich praktische Erfolge mit Erfahrung ohne Ursachenwissen sogar leichter zu erzielen sind als mit Ursachenwissen ohne Erfahrung, liegt nach allgemeinem Urteil im Sachverstand ein höheres Maß von Wissen und Verstehen vor als in der bloßen Erfahrung: Die Sachverständigen, die das «Warum» und die Ursache kennen, hält man allgemein für weiser als erfahrene Praktiker, die nur das «Dass» kennen. Insbesondere zum Lehren ist nur der befähigt, der über Ursachenwissen verfügt; gerade das Lehren-Können gilt aber als das sicherste Merkmal des Wissens. Schon den ersten Menschen, der es auf irgendeinem Gebiet zu Sachverstand brachte, dürften seine Mitmenschen, wie Aristoteles vermutet, nicht nur aufgrund des praktischen Nutzens seiner Erfindungen geschätzt haben, sondern auch deshalb, weil er damit eine über das Normalmaß hinausragende Geisteskraft an den Tag gelegt hatte. Als man aber in späterer Zeit durch Spezialisierung einen Sachverstand akkumuliert hatte, der über die bloße Fristung des Daseins hinaus das Erreichen einer höheren Kulturstufe ermöglichte, da werden diejenigen Sachverständigen höher geschätzt worden sein, deren Spezialgebiet einen Beitrag zu dieser gehobenen Lebensart leistete. Und als schließlich alle in irgendeiner Weise praktisch verwertbaren Wissensgebiete erschlossen waren, da wurden jene Wissenschaften entdeckt, in denen das menschliche Erkenntnisstreben in reiner Form, d. h. ohne jedes Schielen nach einem praktischen Nutzen, verwirklicht ist. Dies geschah dort, wo man Muße dafür hatte: zuerst in Ägypten, wo die Priesterklasse von gewöhnlicher Erwerbsarbeit freigestellt war.

Aus dieser Entwicklungsgeschichte zieht Aristoteles folgendes Fazit: Den Erfahrenen hält man für weiser als den, der bloß Sinneswahrnehmungen macht; den Sachverständigen, der die Ursachen kennt, hält man für weiser als den Erfahrenen; den Sachverständigen auf einem übergeordneten Gebiet hält man für weiser als den Sachverständigen auf einem untergeordneten Gebiet; die theoretischen Wissenschaften, die der Erkenntnis um ihrer selbst willen dienen, stehen der Weisheit nach allgemeiner Ansicht näher als die Wissenschaften, die praktischen Zwecken dienen. Aus der Erkenntnis um ihrer selbst willen bleibt bei Aristoteles kein Teilbereich der Wirklichkeit ausgeschlossen, wie er selbst durch sein eigenes Leben als Forscher beispielhaft gezeigt hat. Insbesondere die Durchforschung der unbelebten wie der belebten Natur, aber auch die der Geschichte menschlicher Gesellschaft und Kultur hat Aristoteles mit größter Energie betrieben und dabei jedem selbständigen Wissensbereich eigentümliche Prinzipien und Ursachen zugeschrieben. Doch das, was man eigentlich meint, wenn man von «Weisheit» (*sophia*) redet, ist ein um seiner selbst willen erstrebtes Wissen von den ersten Ursachen und Prinzipien des Seienden. Dieses Wissen nennt Aristoteles die «Erste Philosophie».

2. Lebenslauf

Der Lebenslauf des Aristoteles lässt sich vor allem aus dem Aristoteles-Abschnitt bei Diogenes Laertios einerseits und der Vita des Ptolemaios andererseits erschließen; Letztere ist in mehreren Brechungen überliefert (darunter auch lateinische und arabische Bearbeitungen). Wir gliedern den Lebenslauf in vier Perioden:

- Kindheit und Jugend als Spross einer ionischen Medizinerdynastie auf der Chalkidike.
- Zwanzigjähriger Aufenthalt in Athen an Platons Akademie: Veröffentlichung literarisch ausgearbeiteter philosophischer Werke; eigenständige Lehrvorträge auf den meisten der Gebiete, die in den echten Schriften des *Corpus Aristotelicum* behandelt sind.
- Ca. elfjähriges Exil außerhalb des griechischen Mutterlandes: Gemeinsam mit Theophrast Begründung einer auf umfassende Datenerhebung gestützten systematischen Biologie.
- Ca. fünfzehn letzte Jahre im griechischen Mutterland: Aufbau eines Kreises von Schülern bzw. Mitarbeitern in Athen; Ausdehnung der systematischen Tatsachenforschung auf zahlreiche Gebiete außerhalb der Biologie; ständige Weiterarbeit an den eigenen Lehrvorträgen.

Das chronologische Gerüst liefert die Chronik Apollodors von Athen (Fragment 56 Jacoby). Da Apollodor mit dem attischen Amtsjahr von Sommersonnenwende zu Sommersonnenwende rechnet, sind seine Angaben bei der Umrechnung in unseren Kalender in der Regel als doppelte Jahreszahl wiederzugeben.

Die Vaterstadt: Wiederentdeckung und wahrer Name

Aristoteles war Ionier: Er wurde 384/3 v. Chr. in der ionischen Kolonie *Stágīros* geboren; diese lag auf einem meerumspülten Vorgebirge an der Ostküste der chalkidischen Halbinsel und war – nach Eusebios um das Jahr 655 v. Chr. – durch ionische Siedler von der Kykladeninsel Andros gegründet worden. Im Jahre 349/8 v. Chr., also gut dreihundert Jahre nach ihrer Gründung, wurde diese Polis durch Philipp II. von Makedonien zerstört, als er im zweiten Olynthischen Krieg die chalkidische Halbinsel mit Gewalt unter makedonische Herrschaft brachte. Nachdem man die antike Stadt bis weit ins 20. Jahrhundert fälschlich ca. zehn Kilometer landeinwärts lokalisiert hatte, erschloss M. Zahrnt 1971 als ihren wahren Ort das unmittelbar östlich des heutigen Badeorts Olympiada gelegene Vorgebirge *Liotópi* (< *Heliotópion* «sonniges Plätzchen»). Dort wurden dann in den neunziger Jahren des 20. Jahrhunderts in der Tat die beeindruckenden, vornehmlich archaisch-klassischen Ruinen der Geburtsstadt des Aristoteles freigelegt (Sismanidis 2003). Die Ausgrabungen haben auch die Wiederbesiedlung des Stadtgebiets bestätigt, die Aristoteles der Überlieferung zufolge gegen Ende der vierziger Jahre des 4. Jahrhunderts v. Chr. bei Philipp II. erwirkte. Es haben sich auf Liotópi nämlich auch einige hellenistische Bauten gefunden, und die von dem Geographen Strabon konstatierte Verödung der Stadt ist nach heutigem Kenntnisstand endgültig erst im 1. Jahrhundert v. Chr. eingetreten.

Der von Herodot und Thukydides bezeugte thrakische Ortsname *Stágīros* (Femininum Singular) blieb bis zur Zerstörung der alten ionischen Polis durch Philipp II. in Gebrauch; hingegen ist seit der durch Aristoteles vermittelten Neugründung nur mehr die Form *Stágīra* (Neutrum Plural) bezeugt. Als Wappentier der alten Polis zeigen ihre Münzen den Eber (Gaebler 1930, Cahn 1958); «Eber» (*kapros*) hieß ihr unmittelbar westlich, beim heutigen Olympiada, gelegener Hafen; und «Eber» (*kapros*) hieß auch ein gegenüberliegendes Inselchen, dessen Gestalt in der Tat auffällig an die eines Ebers erinnert. So wird man auch den Namen der Polis selbst mit dem Eber in Verbindung zu bringen haben. Wenn man *Stagīros* auf die indogermanische Wurzel **stegh-* zurückführt, die z. B. im englischen *stag* «Hirsch, Männchen» und im isländischen *steggi* «Stecher, Kater» fortlebt (Pokorny 1959: 1014–1015), dann liegt – angesichts der Münzbilder, der «Eberinsel» und des «Eberhafens» – die Deutung des Ortsnamens als thrakische Bezeichnung für «Ebersberg» auf der Hand. Die ionischen Kolonisten haben dann zwar dem Hafen und dem Inselchen, das aufgrund seiner Gestalt als nautischer Wegweiser geeignet war, aus praktischen Gründen den griechischen Ebernamen gegeben, aber als Namen des Vorgebirges bzw. der Stadt selbst haben sie die thrakische Bezeichnung beibehalten.

Der Wortstamm, von dem *Stagīros*, *Stagīra* und die Herkunftsbezeichnung *Stagīrītes* gebildet sind, erscheint auf allen einschlägigen Münzen bzw. Steininschriften des archaisch-klassischen Zeitalters in der Schreibung *Stagir-* mit einfachem *-i-*. Doch im 1. Jahrhundert v. Chr. hatte sich auch für die Buchstabenfolge *-ei-* anstelle ihres archaischen bzw. klassischen Lautwertes [ei] bzw. [ē] durchweg die Aussprache [ī] durchgesetzt. So führte damals der Grammatiker Philoxenos von Alexandria die diphthongische Schreibung *Stageir-* lediglich zu dem Zweck ein, die phonetische Länge des in *Stagir-* überlieferten einfachen *-i-* graphisch zum Ausdruck zu bringen (Theodoridis 1976: Fr. 597). Deshalb beherrschen in den griechischen Handschriften des Mittelalters die Fehlschreibungen *Stageiros*, *Stageira* und *Stageirites* das Feld. Erst H. van Herwerden hat in seiner Herodotausgabe (1884–1889) unter Hinweis auf die Steininschriften der klassischen Zeit die ursprüngliche Schreibung auf *Stagir-* wiederhergestellt. Im maßgeblichen *Greek–English Lexicon* von Liddell und Scott werden seit der Neubearbeitung (1925–1940) nur noch die Formen *Stagiros*, *Stagira* und *Stagirites* anerkannt, die Schreibungen auf *Stageir-* hingegen ausdrücklich verworfen. Gegen die Übernahme der Fehlschreibungen ins Deutsche spricht auch eine praktische Erwägung: Formen wie «Stageira» oder «Stageirit» implizieren bei uns (anders als im Neugriechischen) eine Aussprache, die es auf griechischer Seite niemals gegeben hat.

Kindheit und Jugend auf der Chalkidike (384/3 – 367/6 v. Chr.)

Aristoteles war der Sohn des Nikomachos und der Phaistis; er hatte zwei Geschwister: Arimnestos und Arimneste. Plutarch bezeugt zudem eine «*anepsia*» namens Hero, womit bei gut attischer Verwendung dieser Verwandtschaftsbezeichnung (dazu Thompson 1971) nur eine «Cousine ersten Grades» des Aristoteles gemeint sein kann, nicht, wie man oft liest, eine Nichte.

Aristoteles und seine Geschwister wurden nicht nur in den vorwiegend ionischen Sprach- und Kulturbereich der Chalkidike hineingeboren, sondern auch in eine Familie, in der die Tradition der griechischen Medizin lebendig war: Der Vater Nikomachos war Asklepiade, d. h., er gehörte einer der Familien an, in denen der Heilberuf erblich war und die einen der beiden homerischen Asklepios-Söhne und Ärzte Machaon und Podaleirios als ihren Stammvater betrachteten. Im Fall der Familie des Aristoteles galt Machaon als Ahnherr: Dieser hatte nach messenischer Überlieferung einen Sohn namens Nikomachos, und eben deshalb trug Aristoteles' Vater den Namen Nikomachos, den Aristoteles selbst dann seinem Sohn gab. Die Mutter Phaistis, die offenbar aus Chalkis auf Euboia stammte, soll ebenfalls aus einer Asklepiadenfamilie der Machaon-Linie hervorgegangen sein.

Der Vater Nikomachos stand als Arzt in so gutem Ruf, dass er von dem makedonischen König Amyntas III., der von 393/2 bis 370/69 v. Chr. regierte, als Leibarzt herangezogen wurde, woraus sich sogar ein freundschaftlicher Verkehr ergab. Wenn diese Tätigkeit in die Zeit nach der Geburt des Aristoteles fiel, dann mag Aristoteles als Kind einige Zeit am makedonischen Hof verbracht haben, sei es in der neuen Residenz von Pella oder, weil dieses in den achtziger Jahren zeitweise von Olynth bzw. vom Chalkidischen Bund besetzt war, in der alten Residenzstadt Aigai, die unweit des heutigen Vergina lag. Jedenfalls sollte sich die Verbindung des Nikomachos mit dem makedonischen Königshaus auf den Lebenslauf seines Sohnes Aristoteles auf vielfache und durchaus zwiespältige Weise auswirken.

Aristoteles verlor seine Eltern, als er noch minderjährig war; zum Vormund wurde ein gewisser Proxenos bestellt. Dessen Sohn Nikanor wurde später von Aristoteles adoptiert, wie sowohl durch die Ptolemaios-Vita als auch durch eine Inschrift aus dem Jahre 318 v. Chr. (IK Ephesos Nr. 2011) bezeugt wird. Demnach scheint Aristoteles dem Wirken seines Vormunds ein dankbares Andenken bewahrt zu haben. Nach einigen Versionen der Ptolemaios-Vita stammte Proxenos aus der kleinasiatischen Stadt Atarneus, was angesichts der späteren Freundschaft des Aristoteles mit dem Tyrannen Hermias von Atarneus eine auffällige Duplizität darstellen würde. Diese Nachricht ist auch deshalb verdächtig, weil in den betreffenden Viten als Herkunftsbezeichnung des Proxenos in grob fehlerhafter Weise statt des korrekten *Atarneites* der Stadtname *Atarneus* selbst verwendet wird. Wenn Proxenos gleichwohl aus Atarneus stammte, so muss er jedenfalls in Stagiros ansässig gewesen sein; denn sein Sohn Nikanor wird in der erwähnten ephesischen Inschrift durch die Herkunftsbezeichnung «der Stagirit» von anderen Trägern dieses Namens unterschieden; er wurde also in Stagiros geboren.

Es scheint nicht unplausibel, dass ein erster Grund für das später so ausgeprägte biologische Forschungsinteresse des Aristoteles durch die Anregungen gelegt wurde, die das ärztliche Wirken des Vaters ihm bot. Doch die Asklepiadentradition seiner Familie hat Aristoteles nicht fortgesetzt: In seinem siebzehnten Lebensjahr entschied er sich gegen den Arztberuf und erwirkte bei seinem Vormund Proxenos die Erlaubnis, in Athen an der Schule Platons, der Akademie, Philosophie zu studieren.

Der erste Athenaufenthalt (367/6 – 348/7 v. Chr.)

Im Jahre 367/6 v. Chr. ging Aristoteles nach Athen, wo er bis oder nahezu bis zum Tode Platons im Jahre 348/7 v. Chr. bleiben sollte, also 20 Jahre lang. Das attische Bürgerrecht hat er allerdings nie erworben: Er blieb vielmehr ein geduldeter Ausländer, ein «Mitwohner» (Metöke). Während seines ersten Athenaufenthalts wurde Aristoteles von der Philosophie Platons stark beeinflusst: Die teils implizite, teils explizite Auseinandersetzung sowohl mit der Ideenlehre, die in vielen der von Platon veröffentlichten Dialogen suggeriert oder diskutiert wird, als auch mit der Prinzipienlehre, die Platon in einer Vorlesung «Über das Gute» vortrug, stellt ein Leitmotiv der philosophischen Arbeit des Aristoteles dar. In diesem Zusammenhang hat man die Frage diskutiert, ob Aristoteles eine philosophische

Entwicklung vom jugendlich-idealistischen Platoniker zum Platon-kritischen Empiriker durchgemacht habe, wie vor allem W. Jaeger 1923 meinte, oder ob die persönliche Verehrung, die er bis an sein Lebensende für Platon empfand und die er in einem elegischen Gedicht zum Ausdruck brachte (Campbell 1993: 218–219), von Anfang an mit einer unabhängig-kritischen Einstellung zu der Philosophie Platons und seiner Schüler einherging.

Die Prüfung der Fragmente literarisch ausgearbeiteter, teilweise in Dialogform gehaltener Werke aus der ersten Athen-Periode des Aristoteles ergibt, dass im Dialog *Eudemos* Argumente für die Platonische Annahme einer unsterblichen Seele vorgetragen wurden. Hingegen fehlen Belege dafür, dass Aristoteles sich jemals die Platonische Annahme von «Ideen», d. h. von selbständig existierenden Formen natürlicher Substanzen, zu eigen gemacht hat.

Für die Präzisierung dieser Diagnose kommt den ersten Jahren (ca. 367–365 v. Chr.) von Aristoteles' Athenaufenthalt eine bisher übersehene Bedeutung zu. In dieser Zeit war Platon von Athen abwesend, da er damals am Hof des Tyrannen Dionysios II. von Syrakus weilte. Der junge Aristoteles wurde also zunächst nicht von Platon selbst in die Platonische Philosophie eingeführt – und auch nicht etwa, wie F. Jacoby 1902 spekulierte, von dem Mathematiker Eudoxos v. Knidos –, sondern vielmehr, nach der griechischen und der lateinischen Version der Ptolemaios-Vita, von einem gewissen Sokrates. Dies kann sich natürlich nicht auf Platons berühmten Lehrer Sokrates beziehen, da dieser bereits im Jahre 399 v. Chr. hingerichtet worden war. Vielmehr kann damit nur Sokrates der Jüngere gemeint sein, der in Platons Dialogen *Theaitet*, *Sophistes* und *Politikos* teils erwähnt wird, teils sogar als Gesprächspartner auftritt, und der bereits in der zweiten Hälfte der sechziger Jahre des 4. Jahrhunderts v. Chr. starb (Lasserre 1987 Nr. 4).

In *Metaph. Zeta* 11, $1036^{b}21$–32 geht Aristoteles nun kritisch auf einen das Lebewesen betreffenden Vergleich ein, den «Sokrates der Jüngere» – offenbar als Hinführung zur Ideenlehre – vorzutragen pflegte: Der Vergleich könne zu dem Missverständnis verleiten, dass z. B. der Mensch genauso ohne seine Teile existieren könne wie der mathematische Kreis ohne den Stoff wie z. B. das Erz, in dem man ihn nachbilden kann. In Wahrheit könne man aber beim Lebewesen von seinem Stoff nicht abstrahieren, da das Lebewesen eine bestimmte Form an einem bestimmten Stoff bzw. ein bestimmter Stoff in einem bestimmten Zustand sei. Diese Erinnerungen des Aristoteles an den Unterricht Sokrates' d. J. lassen in Verbindung mit der zitierten Nachricht über seinen Lehrer «Sokrates» keinen Zweifel daran, dass es Sokrates d. J. war, der von Platon während der zweiten Sizilienreise mit seiner Vertretung beauftragt wurde und der so zum ersten Lehrer des Aristoteles an der Akademie wurde. Auch die auffällige Tatsache, dass Aristoteles den Urheber des irreführenden Vergleichs namentlich nennt – im Gegensatz zu der sonst von ihm praktizierten Anonymisierung der «Ideenfreunde» –, stimmt gut zu der einprägsamen Unterrichtssituation, in der Aristoteles erstmals einem Vertreter der Ideenlehre begegnete. Auf den evidenten Unterschied aber, der zwischen mathematischen Gegenständen einerseits und Lebewesen andererseits hinsichtlich der Abstrahierbarkeit besteht, wird Aristoteles schwerlich erst Jahre später aufmerksam geworden sein. Demnach dürfte Aristoteles einen ersten Widerstand gegen bestimmte Argumente für die Ideenlehre schon entwickelt haben, bevor er mit Platon selbst in nähere Beziehung trat.

Dem entspricht der Wandel der sprachlichen Form, in der Aristoteles seine Kritik dieser Platonischen Ideenlehre vorträgt: Im ersten Buch der *Metaphysik* stilisiert Aristoteles die Kritik als Selbstkritik, indem er die kritisierten Thesen einer Gruppe zuschreibt, der er selbst angehört («wir»), während er dieselbe Kritik im dreizehnten Buch der *Metaphysik* als Kritik an den Thesen einer Gruppe stilisiert, der er selbst nicht angehört («sie»). Daraus folgt, dass die Ideenkritik bereits auf die Akademiezeit des Aristoteles zurückgeht.

Dem Neuankömmling konnte nicht verborgen bleiben, dass im demokratischen, d. h. durch Volksversammlung und Volksgerichtshof beherrschten Athen die Rhetorik die stärkste Bildungsmacht darstellte. Deren berühmtester Lehrer war damals Isokrates (436–338 v. Chr.): Nicht zufällig hatte Platon seinen Dialog *Gorgias*, in dem Sokrates die zeitgenössische Rhetorik als schädlich entlarvt, nach dem sizilischen Lehrer des Isokrates benannt, und Aristoteles hat sich, auch wenn er niemals Schüler des Isokrates war, doch intensiv mit Isokrates auseinandergesetzt. Platon sah in Aristoteles offenbar schon bald den richtigen Mann dafür, das wichtige Feld der Rhetorik gerade in Abgrenzung von der äußerlichen Konzeption des Isokrates für die Akademie zu besetzen. Die erhaltenen Aristotelischen Lehrvorträge zur Dialektik (*Topik*) und zur Rhetorik gehen nämlich in ihrem Kern bereits auf die Akademiezeit des Aristoteles zurück, so dass man auch die Nachrichten über dialektische und rhetorische Lehrveranstaltungen des Aristoteles bereits auf diese Zeit beziehen sollte. Nun setzt Aristoteles bei seinen Rhetorik-Studien zwar an der konventionellen Orientierung der Redekunst an den Redeteilen an, wie die anhangsweise ins dritte Buch seiner *Rhetorik* aufgenommene Abhandlung über die Taxis (Anordnung der Redeteile) zeigt. Doch in *Rhet.* I 1 misst er diese Konzeption an dem Platonischen Kriterium der *technē*, d. h. an einem begründeten Zusammenhang zwischen Mitteln und Zweck, und verwirft sie, um sie sodann durch seine eigene, funktionale Betrachtungsweise zu ersetzen.

Andererseits zeigt sich in der Argumentationstheorie auch wieder die Selbständigkeit des Aristoteles gegenüber Platon: Wenn Aristoteles die Rhetorik als Komplement oder Seitenzweig der Dialektik betrachtet und die Dialektik ihrerseits bereits dem philosophischen Grundstudium zuweist, dann steht dies im deutlichen Gegensatz zur Platonischen Auffassung, der zufolge als die Grundlage der philosophischen Ausbildung die von Aristoteles weniger geschätzte Mathematik zu dienen habe, während die Dialektik, in denkbar weitem Abstand zur Rhetorik, den krönenden Abschluss dieser Ausbildung bilde. Platon war also nicht so dogmatisch, dass er die Diskussion solcher Differenzen in der Akademie nicht geduldet hätte: Er scheint vielmehr die Ausnahmebegabung des Aristoteles früh erkannt und aktiv gefördert zu haben.

Nach alldem führt Werner Jaegers bereits erwähnte Hypothese, der zufolge Aristoteles in seiner Akademiezeit ein ungebrochener Platoniker war und erst im Exil nach Platons Tod seine eigene Philosophie ausarbeitete, in die Irre. Vielmehr dürfte sich die Lehrtätigkeit des Aristoteles schon in der Akademiezeit auf die meisten der Gebiete erstreckt haben, denen auch die uns erhaltenen Lehrschriften gelten: Argumentationstheorie (d.h. Dialektik, Rhetorik, formale Syllogistik), Wissenschaftstheorie, Physik, Ontologie, Ethik, Politik und Poetik – abgesehen freilich von der Biologie, deren empirische Datengrundlage Aristoteles erst in der Exilzeit geschaffen zu haben scheint.

Seinen wichtigsten Schüler und Mitarbeiter, den um 370 v. Chr. geborenen Theophrast von Eresos, hat Aristoteles nach dem oft übersehenen Zeugnis des Diogenes Laertios 5,36 bereits in seiner ersten Athenperiode kennengelernt; diese Nachricht zu bezweifeln besteht umso weniger Anlass, als wir Theophrast schon bei dem unmittelbar daran anschließenden Aufenthalt im kleinasiatischen Assos an der Seite des Aristoteles finden, wie K. Gaiser 1985 anhand der Theophrastischen Schrift *De igne* wahrscheinlich machen konnte.

Die Jahre im Exil (348/7 – ca. 337/6 v. Chr.)

Im Jahre 349/8 v. Chr. erreichte die Expansion Makedoniens unter Philipp II. mit dem zweiten Olynthischen Krieg ein neues Stadium: Philipp annektierte die Chalkidike und zerstörte – neben Stagiros – vor allem Olynth, das mit Athen durch einen Beistandspakt verbunden war. Infolgedessen erstarkte in Athen die «Kriegspartei», d.h. die von Demosthenes angeführte Gruppe derer, die der makedonischen Expansion militärisch Einhalt gebieten wollten. Entsprechend prekär wurde die Lage für diejenigen Einwohner Athens, die aus welchem Grund auch immer als Makedonenfreunde galten, zumal dann, wenn sie wie Aristoteles Metöken ohne Bürgerrecht waren. Bald darauf, im Jahre 348/7 v. Chr., starb Platon und vererbte sein Eigentum, darunter das Grundstück und die Gebäude der Akademie, da er kinderlos war, an seinen Neffen Speusipp. In demselben Jahr, kurz vor oder kurz nach dem Tod Platons, verließ Aristoteles Athen. Der Grund dafür war nicht etwa Enttäuschung über die Übernahme der Akademie durch Speusipp, sondern die antimakedonische Stimmung in Athen: Aristoteles war aus politischen Gründen genötigt, ins Exil außerhalb des griechischen Mutterlandes zu gehen, und er kehrte erst dann wieder dorthin zurück, als das Mutterland unter makedonische Herrschaft geraten war.

In dieser Lage bot der promakedonisch eingestellte Tyrann Hermias von Atarneus, der in seiner Jugend selbst die Akademie besucht hatte, dem Aristoteles an, gemeinsam mit weiteren Mitgliedern der Akademie in sein kleines Herrschaftsgebiet zu übersiedeln. Dieses Gebiet lag in Nordkleinasien gegenüber der Insel Lesbos und umfasste die Städte Atarneus und Assos, die freilich seit dem sogenannten Königsfrieden von 387/6 v. Chr. wie alle Griechenstädte der kleinasiatischen Küste wieder unter der Oberherrschaft des Perserkönigs standen. Aristoteles, Theophrast und weitere Akademiemitglieder, zu denen nach Strabon auch Xenokrates zählte, folgten der Einladung des Hermias und nahmen ihren Aufenthalt in Assos. Dabei dürfte Aristoteles von dem jungen Historiker Kallisthenes von Olynth begleitet worden sein, der als Sohn seiner bereits erwähnten Cousine Hero sein Neffe zweiten Grades (griechisch: *anepsiadūs*) war und den er – womöglich nach der Zerstörung Olynths im Jahre 348 v. Chr. – zu sich genommen hatte.

Hermias wird mit der Aufnahme der Philosophen aus Athen die Absicht verfolgt haben, eine Fortsetzung der Akademie im Exil zu ermöglichen. Doch für Aristoteles und Theophrast markiert der Aufenthalt in Assos einen inhaltlichen und methodischen Neuansatz: Jetzt beginnen die Jahre der gemeinsam betriebenen biologischen Feldforschung, die W. Kullmann 2014 zusammenfassend dargestellt hat. Aristoteles übernahm den zoologischen Teil, der in der *Historia animalium* und den darauf aufbauenden Tierschriften dokumentiert ist, und Theophrast den botanischen, wie seine Werke *Historia plantarum* und *De causis plantarum* zeigen. Als Quellen der zoologischen Datenerhebung hat man neben den Berichten sachkundiger Jäger und Fischer in großem Umfang Autopsie bis hin zur Tiersektion anzunehmen. Wenn man die von Aristoteles in seinen zoologischen und von Theophrast in seinen botanischen Schriften genannten Ortsnamen mit den überlieferten biographischen Daten zusammennimmt, dann ergibt sich, dass die gemeinsamen Forschungen zunächst im Küstenland Kleinasiens und vor allem auf der Insel Lesbos, später in Makedonien und auf der Chalkidike durchgeführt wurden, und dass sie im Süden womöglich sogar auf Zypern und im Norden auf Byzantion und auf die südliche Schwarzmeerküste ausgriffen. Das griechische Mutterland aber blieb bei all diesen Forschungsreisen ausgespart, was sicherlich nicht auf biologischen Erwägungen beruhte, sondern vielmehr politische Gründe hatte.

Im Jahre 345/4 v. Chr. ging Aristoteles mit Theophrast nach Lesbos, der Heimatinsel des Theophrast, auf der insbesondere die Lagune von Pyrrha ideale Voraussetzungen für meeresbiologische Forschungen bot. Auf Lesbos erreichte den Aristoteles im Jahre 343/2 v. Chr. das Angebot Philipps II. v. Makedonien, an seinen Hof nach Pella zu kommen und die Aufsicht über die Erziehung seines im Jahre 356/5 v. Chr. geborenen, damals also dreizehnjährigen Sohnes Alexander zu übernehmen, des späteren Königs und Welteroberers. Dieses Angebot, dass zweifellos auf die alten Verbindungen seiner Familie mit dem makedonischen Königshaus zurückzuführen ist, hat Aristoteles angenommen. Die Erziehung des jungen Alexander und einiger Gefährten aus dem makedonischen Adel erfolgte nach dem Zeugnis Plutarchs in Miëza, das unweit des heutigen Naoussa westlich von Thessaloniki lag, und zwar in einem idyllischen Nymphenheiligtum, das in den sechziger Jahren des 20. Jahrhunderts aufgefunden und ausgegraben wurde. Mögliche Inhalte einer von Aristoteles konzipierten Erziehung des künftigen Königs sieht Alexanders moderner Biograph R. L. Fox 1973 in der genauen Beobachtung der Natur und vor allem in der Homerlektüre: Einen von Aristoteles korrigierten *Ilias*-Text soll Alexander, der sich gern als einen zweiten Achill sah, als besonders wertvollen Besitz in Ehren gehalten haben. Weniger plausibel ist die von Plutarch angestellte Vermutung, es sei dabei um esoterische Prinzipienlehre und um politisch-ethische Theorie gegangen:

Insbesondere die letztere betrachtet Aristoteles nicht als geeigneten Lernstoff für die Jugend (*EN* I 1; 1095a2–6). Zwischen den politischen Theorien des Aristoteles und dem von Alexander später tatkräftig verfolgten Ziel der Errichtung eines multikulturellen Weltreichs lässt sich denn auch kein Zusammenhang herstellen. Im Gegenteil: Das politische Denken des Aristoteles bleibt der autonomen Polis und der Homogenität des griechischen Kulturraums verhaftet (S. 105); nirgends gibt er ein Bewusstsein davon zu erkennen, dass jene durch Philipp II., und diese durch Alexander geschichtlich überholt war. Der Ratschlag, den Aristoteles dem Alexander nach dem Tod seines Vaters Philipp II. hinsichtlich der Behandlung nicht-griechischer Völker gegeben haben soll (Fragment 658 Rose), ist – unabhängig von der Echtheitsfrage – geeignet, den Gegensatz zwischen beiden zu illustrieren: «Behandle die Griechen als ihr Anführer, die Barbaren hingegen als Herr, und sorge für jene wie für Freunde und Verwandte, für diese hingegen wie für unvernünftige Tiere und Pflanzen.» Eben den hier eingeschärften Gegensatz «Griechen vs. Barbaren» suchte Alexander nach Kräften zu überwinden, indem er sich – im Interesse der Stabilisierung und Legitimation seiner Herrschaft über Ägypter, Perser, Inder – sehr sorgfältig den jeweiligen autochthonen Traditionen anpasste: seine Nachfolger in Ägypten, die makedonischen Ptolemäer, haben das derart perfektioniert, dass noch heutzutage jeder die Königin Kleopatra für eine Ägypterin hält.

In die Zeit in Miëza, wohl in das Jahr 342/1 v. Chr., fällt das schlimme Ende von Aristoteles' großzügigem Freund Hermias von Atarneus. Dieser hatte bei Philipp II. von Makedonien politischen Rückhalt gegen seinen zunehmend machtbewusster agierenden Oberherrn, den persischen Großkönig Artaxerxes III., gesucht; womöglich hatte sogar Aristoteles selbst für Hermias die Kontaktaufnahme mit Philipp vermittelt. Doch kamen diese Verhandlungen dem Artaxerxes zur Kenntnis, der darin – nach den Bestimmungen des «Königsfriedens» – einen Akt des Hochverrats sah. So brachte er den Hermias durch eine List in seine Gewalt und ließ ihn in Susa foltern und hinrichten. Nach dem Tod des Hermias heiratete Aristoteles dessen Nichte und Adoptivtochter Pythias; das Andenken an Hermias ehrte er sowohl durch einen lyrischen Hymnus auf die Tugend (Campbell 1993: 214–217) als auch durch eine Ehrenstatue in Delphi, für die er selbst das Epigramm verfasste (Campbell 1993: 220–221); überdies veröffentlichte sein Neffe Kallisthenes von Olynth eine Lobrede auf Hermias (*FGrHist* 124 F 2 Jacoby).

Der Ehe des Aristoteles mit Pythias entstammte eine ebenfalls Pythias benannte Tochter sowie nach aller Wahrscheinlichkeit auch sein Sohn Nikomachos. Nach Diogenes Laertios 5, 1 wäre dieser Sohn zwar aus einer Verbindung des Aristoteles mit seiner Dienerin Herpyllis hervorgegangen. Doch erscheint diese Nachricht unabhängig von der Quellenfrage als zweifelhaft. Dass Aristoteles den in seiner Familie erblichen Asklepiaden-Namen Nikomachos einem unehelichen Sohn gegeben haben könnte, liegt nämlich keineswegs nahe; und gegen die Vermutung, dass Aristoteles nach dem Tod seiner Frau Pythias die Herpyllis regelrecht geheiratet haben könnte, spricht seine testamentarische Verfügung, dass seine sterblichen Überreste gemäß dem Wunsche der Pythias zusammen mit den ihren zu bestatten seien.

Aristoteles' Tätigkeit als Alexanders Erzieher endete spätestens im 16. Lebensjahr des Kronprinzen, d.h. im Jahre 340/39 v. Chr., als Philipp II. Byzantion belagerte und währenddessen, wie Plutarch bezeugt, seinen Sohn Alexander als Statthalter einsetzte. Zum Dank für die Tätigkeit als Erzieher gewährte Philipp II. dem Aristoteles die Bitte, den früheren Bewohnern des im Jahre 349/8 v. Chr. zerstörten Stagiros die Rückkehr auf das Vorgebirge und die Neugründung einer Stadt zu ermöglichen, die man Stagira nannte. In diesem Zusammenhang wird auch das Vaterhaus des Aristoteles wieder instand gesetzt worden sein: Zum Zeitpunkt von Aristoteles' Tod war es jedenfalls bewohnbar, da Aristoteles in seinem erhaltenen Testament der Herpyllis zum Dank für treue Dienste eine Option auf den Nießbrauch des Hauses einräumte. Überdies erwähnt Theophrast in der *Historia Plantarum* 3, 11, 1 eine in Stagira gebräuchliche Baumbezeichnung und ebenda 4, 16, 3 eine Weißpappel im dortigen Musenheiligtum: Dies spricht dafür, dass Aristoteles und Theophrast sich während oder im Anschluss an Aristoteles' Mitwirkung an Alexanders Erziehung mindestens zeitweise auch im neuen Stagira aufgehalten haben. Dessen Bürger betrachteten den Aristoteles offenbar als eine Art Stadtgründer und ließen sich von ihm ihre Gesetze geben.

Letzte Jahre im griechischen Mutterland (ca. 337/6–322/1 v. Chr.)

Mit seinem im Sommer 338 v. Chr. erfochtenen Sieg in der Schlacht von Chaironeia und der daraufhin im Winter 338/337 erfolgten Gründung des sogenannten Korinthischen Bundes errichtete Philipp II. eine makedonische Hegemonie über Griechenland. In deren Schutz konnte Aristoteles wieder in das griechische Mutterland zurückkehren.

In Athen selbst traf er zwar, der Chronik des Apollodor zufolge, erst 335/4 v. Chr. ein. Doch schon zuvor, wohl um das Jahr 337/6 v. Chr., ging Aristoteles mit seinem Neffen Kallisthenes nach Delphi, um im dortigen Archiv das Verzeichnis (*pinax*) sämtlicher Sieger der zu Delphi abgehaltenen Pythischen Spiele zu erarbeiten, das auch Diogenes Laertios 5, 26 unter den Werken des Aristoteles aufführt. Für diese Arbeit wurden Aristoteles und Kallisthenes mit einer erhaltenen Ehreninschrift ausgezeichnet (Rhodes/Osborne 2003 Nr. 80); auch das Verzeichnis selbst wurde auf einer Stele in Stein gemeißelt und im Heiligtum von Delphi aufgestellt. Dass Aristoteles zunächst nach Delphi ging, wird damit zusammenhängen, dass Philipp II. im Amphiktionen-Rat, d. h. in der Versammlung der zum Schutz des Delphischen Heiligtums verbündeten Städte, schon seit 346 v. Chr. über maßgeblichen Einfluss verfügte.

Das Verzeichnis der Pythiensieger ist für die spätere Entfaltung seiner Forschungen höchst aufschlussreich. Die Pythischen Spiele umfassten nämlich neben sportlichen auch musisch-poetische Agone; deshalb dürfte die Aufarbeitung von deren Geschichte einem, modern gesprochen, literaturgeschichtlichen Endzweck gedient haben: In dem Augenblick, da Aristoteles Zutritt zu einem Kultarchiv von panhellenischer Geltung erhielt, hat er die zuvor auf dem Gebiet der Biologie erprobte Methode umfassender Tatsachenforschung auf das Gebiet der griechischen Kulturgeschichte übertragen. So berechtigt es also war, dass W. Kullmann 2014 den biologisch-empirischen Schwerpunkt der von Aristoteles während der Exilzeit unternommenen Forschungen betont hat, so überzogen wäre es, dies bereits für den Endpunkt der wissenschaftlichen Entwicklung des Aristoteles zu halten.

Nach Philipps Ermordung im Sommer 336 v. Chr. trat sein Sohn Alexander seine Nachfolge an und zog alsbald nach Griechenland, um dort alle Bestrebungen, die makedonische Hegemonie abzuschütteln, im Keim zu ersticken. Theben, das im Jahre 335 v. Chr. einen weiteren Auflehnungsversuch unternahm, wurde in Schutt und Asche gelegt, während das an diesem Versuch immerhin mit Waffenlieferungen beteiligte Athen verschont blieb: Mit der Statuierung des thebanischen Exempels war der antimakedonische Widerstand der Griechen zunächst ausgeschaltet.

Im Frühjahr 334 v. Chr. brach Alexander zu dem bereits von seinem Vater vorbereiteten Feldzug gegen das Persische Reich auf; Aristoteles' Neffe Kallisthenes nahm, womöglich auf Empfehlung seines Onkels, als Historiker von Alexanders Taten an dem Feldzug teil. Zum Statthalter in Makedonien und Griechenland wurde für die Dauer des Feldzugs der mit Aristoteles persönlich bekannte Antipatros ernannt; im Schutz der makedonischen Besatzung konnte der inzwischen achtundvierzigjährige Aristoteles gemeinsam mit Theophrast im Jahre 335/4 v. Chr. nach Athen zurückkehren.

In Athen trat Aristoteles nicht erneut in die Akademie ein, deren Leitung nach Speusipps Tod im Jahre 339/8 v. Chr. an Xenokrates übergegangen war. Vielmehr forschte und lehrte Aristoteles gemeinsam mit Theophrast in einem beim Lykeion, dem Tempel des Apollon Lykeios, gelegenen Gymnasion. Aristoteles überarbeitet und erweitert vorhandene Lehrvorträge und erarbeitet neue. In diesem Spätwerk ergeben sich gelegentlich überraschende Analogien zwischen weit auseinanderliegenden Themen früherer Forschungen; so wird z. B. in der Schrift *De motu animalium* eine strukturelle Gemeinsamkeit zwischen der Bewegung der Lebewesen und der Bewegung des Kosmos durch den ersten unbewegten Beweger thematisiert.

Nun war Aristoteles in Athen nach wie vor kein Bürger, sondern nur «Mitwohner» (Metöke) und als solcher zum Grundstückskauf nicht berechtigt; infolgedessen fehlten für die Gründung einer «Schule» im institutionellen Sinn, wie sie ihm von Clemens v. Alexandria zugeschrieben wird (*Stromateis* I 14; p. 63, 4), die Voraussetzungen. In dieselbe Richtung weist die Tatsache, dass die Einengung der Bezeichnung *Peripatos* («Wandelhalle, Philosophenschule») auf die «Schule des Aristoteles» sogar erst in die Zeit nach Theophrasts Tod fällt. All dies ändert aber nichts an der entscheidenden Tatsache, dass Aristoteles damals – unbeschadet der Arbeit an den eigenen Lehrvorträgen – als Forschungsorganisator großen Stils tätig wurde: Er vermochte einen Kreis bedeutender Schüler und Mitarbeiter um sich zu sammeln, die unter seiner Leitung ein universales Forschungsprogramm in Angriff nahmen und realisierten. Dieses Programm ist dem Ziel verpflichtet, die Methode einer auf umfassende Datenerhebung und -auswertung gegründeten Wissenschaft, die Aristoteles unter den Bedingungen des Exils auf dem Gebiet der biologischen Feldforschung betrieben hatte, auf die Politik- und Kulturwissenschaft einerseits und auf die Sammlung naturphilosophischer und medizinischer Lehrmeinungen («Doxographie») andererseits zu übertragen. Einen besonderen Platz nimmt dabei die Politikwissenschaft ein: Nach Diogenes Laertios 5, 27 wurden 158 Studien über griechische Polis-Verfassungen – systematisch geordnet nach demokratischen, oligarchischen, aristokratischen und tyrannischen – erarbeitet. Während die meisten dieser Studien verloren bzw. allenfalls fragmentarisch erhalten sind, ist die in einen historischen und einen systematischen Teil gegliederte «Verfassung der Athener» (*Athenaion Politeia*) durch einen 1889 in Ägypten erworbenen Papyrus überliefert. Die umstrittene Frage, ob der Wortlaut dieser *Athenaion Politeia* auf Aristoteles selbst oder einen seiner Mitarbeiter zurückgeht, ist dabei von sekundärer Bedeutung.

Mit dem großen «doxographischen» Sammelwerk *Physikai doxai* in 16 Büchern über «Naturphilosophische Lehrmeinungen» ist Aristoteles' wichtigster Schüler und Mitarbeiter Theophrast hervorgetreten: Dieses Werk ist zwar abgesehen von dem Kapitel über die Sinneswahrnehmung, *De sensibus*, nicht direkt überliefert, es diente aber als Quelle eines entsprechenden Werkes der frühen Kaiserzeit, das H. Diels 1879 aus Ps.-Plutarch und Stobaios rekonstruieren konnte. In einem Atemzug mit diesem Werk Theophrasts nennt der Arzt Galen in seinem Kommentar zu Hippokrates' *De natura hominis* die Zusammenstellung medizinischer Lehrmeinungen, die unter dem Namen des Aristoteles umlaufe, in Wahrheit aber von dessen Schüler Menon verfasst sei: Eine Zusammenfassung dieses Werkes durch einen anonymen Autor – «Anonymus Londiniensis» – hat sich auf einem vom Anonymus selbst geschriebenen Papyrus erhalten. In vergleichbarer Weise hat schließlich der Aristotelesschüler Eudemos von Rhodos nicht nur die Lehrmeinungen früherer Mathematiker auf den Gebieten Astronomie, Geometrie und Arithmetik dokumentiert, sondern auch die theogonischen bzw. kosmogonischen Erzählungen historischer oder fiktiver Autoren wie «Orpheus», die Aristoteles als «Theologen» bezeichnet.

Nimmt man noch die Tatsache hinzu, dass ein weiterer Schüler, Dikaiarch von Messana, unter dem Titel *Bios tēs Hellados*, «Lebenslauf von Griechenland», eine mit einer allgemeinen Kulturentstehungslehre verknüpfte Kulturgeschichte Griechenlands schrieb und dass schließlich mit Aristoxenos von Tarent auch der bedeutendste Musiktheoretiker des Altertums zum damaligen Schülerkreis des Aristoteles zählte, dann wird der universale Horizont der von Aristoteles gegründeten Forschungsgemeinschaft deutlich.

Auch während seines zweiten Athenaufenthalts blieb Aristoteles nicht von Auswirkungen der großen Politik verschont. Im Jahre 327 v. Chr. wurde in Alexanders Expeditionsheer eine Verschwörung makedonischer Pagen aufgedeckt, die durch Alexanders zunehmend absolutistischen Regierungsstil veranlasst war und auf seine Ermordung zielte. Aristoteles' Neffe Kallisthenes von Olynth, der in seinem panegyrischen Geschichtswerk über «Alexanders Taten» (*Alexandrū Prāxeis*) schon weit fortgeschritten war, wurde als *spiritus rector* der jungen Männer verdächtigt und grausam hingerichtet.

Nachdem Alexander im Juni 323 v. Chr. zu Babylon gestorben war, lebte der antimakedonische Widerstand in Athen wieder auf; Demosthenes wurde aus der Verbannung zurückgerufen. Aristoteles aber galt, obwohl mit Kallisthenes ein ihm nahestehendes Familienmitglied auf Anordnung Alexanders hingerichtet worden war, nach wie vor als Makedonenfreund. So drohte ihm jetzt möglicherweise, wie einst dem Sokrates, eine formelle Anklage wegen Unfrömmigkeit (*Asebie*). Jedenfalls verließ er um die Jahreswende 323/2 v. Chr. Athen endgültig und siedelte nach Chalkis auf Euboia in das Haus seiner Mutter über. Dort starb er einige Monate später im Oktober 322 an einer nicht näher bestimmbaren Krankheit. Sein Testament, in dem er in rührender Weise für seine beiden Kinder und seine treue Dienerin Herpyllis Vorsorge trifft, ist bei Diogenes Laertios erhalten. Die Ptolemaios-Vita vermeldet überdies, dass die dankbaren Bürger des neugegründeten Stagira Aristoteles' Asche aus Chalkis nach Stagira überführen ließen und sie dort im «Aristoteleion», wohl einer Art Mausoleum, beisetzten; darüber hinaus sollen die Stagiriten alljährlich ein Fest zu Ehren des Aristoteles begangen und den Festmonat «Stagirites» genannt haben.

3. Werk und Überlieferung

Die Gesamtheit der durch mittelalterliche Abschriften und Übersetzungen als aristotelisch überlieferten Werke bezeichnet man als *Corpus Aristotelicum*. Diese Werke zitiert man nach den von Immanuel Bekker bearbeiteten und 1831 erschienenen Bänden I–II der Aristoteles-Ausgabe der Königlich Preußischen Akademie der Wissenschaften, und zwar gemäß folgendem Schema: Seitenzahl, Spaltenangabe (^{a} für links, ^{b} für rechts), Zeilenzahl. Die Angabe «184^{a}10» z.B. bezeichnet die zehnte Zeile der linken Spalte von Bekkers Seite 184, d.h. die erste

Textzeile der *Physik*. Bekkers Edition lässt sich in fünf Sachgruppen untergliedern: A) Logik und Argumentationstheorie, B) Naturwissenschaft, C) Erste Philosophie, D) Ethik und Politik, E) Rhetorik und Poetik.

Werkübersicht

Im Folgenden geben wir eine Übersicht über die nach herrschender Meinung echten Werke des Corpus Aristotelicum. Dabei übernehmen wir den Wortlaut der lateinischen Werktitel sowie deren vorangestellte Abkürzungen dem Berliner Verzeichnis der griechischen Aristoteles-Manuskripte («Aristoteles Graecus»); zudem geben wir für jedes Werk einen deutschen Kurztitel bzw. ein Stichwort zum Inhalt und die betreffenden Seiten, Kolumnen und Zeilen von Bekkers Ausgabe an:

A) «Organon»: Logik und Argumentationstheorie

Cat.	Categoriae	Kategorienschrift	1ª1–15ᵇ33
Int.	De interpretatione	(Über den Aussagesatz)	16ª1–24ᵇ9
Anal. Pr.	Analytica Priora	Erste Analytik	24ª10–70ᵇ38
Anal. Post.	Analytica Posteriora	Zweite Analytik	71ª1–100ᵇ17
Top.	Topica	Topik	100ª18–164ᵇ19
Soph. El.	Sophistici elenchi	Sophistische Widerlegungen	164ª20–184ᵇ8

B) Naturwissenschaft

B 1) Prinzipienlehre und Kosmologie:

Phys.	Physica	Physik	184ª10–267ᵇ26
Cael.	De caelo	Über den Himmel	268ª1–313ᵇ23
Gener. Corr.	De generatione et corruptione	Über Werden und Vergehen	314ª1–338ᵇ19
Mete.	Meteorologica	Meteorologie	338ª20–390ᵇ22

B 2) Psychologie:

An.	De anima	Über die Seele	402ª1–435ᵇ25
	«Parva naturalia»:		
Sens.	De sensu	Über die Sinne	436ª1–449ᵇ3

Mem.	De memoria	Über die Erinnerung	$449^{b}3$–$453^{b}11$
Somn. Vig.	De somno et vigilia	Über Schlafen und Wachen	$453^{b}11$–$458^{a}32$
Insomn.	De insomniis	Über Träume	$458^{a}33$–$462^{b}11$
Div. Somn.	De divinatione per somnum	Über Weissagung im Traum	$462^{b}12$–$464^{b}18$
Long.	De longitudine vitae	Über die Langlebigkeit	$464^{b}19$–$467^{b}9$
Juv./VM	De iuventute/De vita et morte	Über Jugend/Leben und Tod	$467^{b}10$–$470^{b}5$
Respir.	De respiratione	Über die Atmung	$470^{b}6$–$480^{b}30$

B 3) Biologie:

Hist. An.	Historia animalium	Tierkunde	$486^{a}5$–$638^{b}37$
Part. An.	De partibus animalium	Über die Teile der Tiere	$639^{a}1$–$697^{b}30$
Mot. An.	De motu animalium	Über die Bewegung der Tiere	$698^{a}1$–$704^{b}3$
Inc. An.	De incessu animalium	Über die Fortbewegung der Tiere	$704^{a}4$–$714^{b}23$
Gener. An.	De generatione animalium	Über die Zeugung der Tiere	$715^{a}1$–$789^{b}20$

C) Erste Philosophie

Metaph.	Metaphysica	Metaphysik	$980^{a}22$–$1093^{b}29$

D) Ethik/Politik

EN	Ethica Nicomachea	Nikomachische Ethik	$1094^{a}1$–$1181^{b}23$
MM	Magna moralia	Große Ethik	$1181^{a}24$–$1213^{b}30$
EE	Ethica ad Eudemum	Eudemische Ethik	$1214^{a}1$–$1249^{b}25$
Pol.	Politica	Politik	$1252^{a}1$–$1342^{b}34$

E) Rhetorik, Poetik

Rhet.	Rhetorica	Rhetorik	$1354^{a}1$–$1420^{b}4$
Poet.	Poetica	Poetik	$1447^{a}8$ –$1462^{b}18$

Nach ihrer äußeren Form handelt es sich bei den Schriften des Corpus um schulinterne Manuskripte, die Lehrvorträgen als Grundlage dienen konnten, die aber in sehr unterschiedlichem

Grade ausformuliert bzw. stilistisch durchgearbeitet sind, und die deshalb nach antiken Maßstäben für eine literarischen Ansprüchen genügende Publikation nicht geeignet sind. Die von Aristoteles selbst publizierten Werke hingegen, deren glänzender Stil von Cicero gerühmt wurde, sind bis auf vereinzelte Zitate bei späteren antiken Autoren («Fragmente») sämtlich verloren.

Geschichte des Corpus Aristotelicum im Altertum

Die spätantike, nur in arabischer Übersetzung überlieferte Aristoteles-Monographie des Ptolemaios al-Gharīb enthält ein Verzeichnis Aristotelischer Schriften. Dieses fußt nach Ptolemaios' eigenem Bekunden auf dem Werk, das Andronikos von Rhodos (1. Jahrhundert v. Chr.) über die Schriften des Aristoteles geschrieben hatte. Im Verzeichnis des Ptolemaios erscheinen nun neben den Titeln zahlreicher anderer, heute nicht mehr erhaltener Werke auch die echten Schriften unseres Corpus, und zwar bemerkenswerterweise als ein geschlossener Block; die hierbei mitgeteilten Werkumfänge stimmen in der Anzahl der Einzelbücher pro Werktitel mit dem uns überlieferten Bestand weitestgehend überein. Demnach waren die Schriften unseres Corpus bereits im 1. Jahrhundert v. Chr. bei Andronikos von Rhodos verzeichnet; damit steht in Einklang, dass sowohl Plutarch als auch Porphyrios für Andronikos eine Edition Aristotelischer Werke bezeugen.

Hingegen fehlen die Schriften unseres Corpus in dem offenbar älteren Verzeichnis Aristotelischer Schriften, das in den Aristoteles-Viten des Diogenes Laertios und des Hesychios von Milet enthalten ist. Dieses sehr reichhaltige Verzeichnis erweckt insbesondere durch die aufwendige Aufsummierung der Werkumfänge des Aristotelischen Œuvre zu einer Gesamtzeilenzahl (445 250) den Eindruck, nach Maßgabe des Erreichbaren vollständig zu sein: Es dürfte sich um den Katalog der in hellenistischer Zeit, zu Anfang des 3. Jahrhunderts v. Chr., von den Nachfolgern Alexanders des Großen gegründeten Bibliothek von Alexandria handeln. Dennoch fehlen mehrere zentrale Schriften unseres Corpus gänzlich – z. B. *De caelo* und *De ge-*

neratione et corruptione, bei Diogenes Laertios sogar die *Metaphysik* –, und aus anderen Schriften des Corpus erscheinen nur einzelne Bücher oder Büchergruppen, die als selbständige Werke gezählt werden. Mithin lag den Kompilatoren dieses hellenistischen Schriftenverzeichnisses unser *Corpus Aristotelicum* nicht vor.

In dieselbe Richtung weist eine schon von dem spätantiken Kommentator Simplikios (6. Jahrhundert n. Chr.) hervorgehobene Besonderheit: In unserem Corpus werden bei denjenigen Werken des Aristoteles (und seines Schülers Theophrast), die mehrere Einzelbücher umfassen, zur Bezeichnung dieser Einzelbücher Ordnungsbuchstaben verwendet, die dem gewöhnlichen griechischen 24-Buchstaben-Alphabet entnommen sind:

Α	Β	Γ	Δ	Ε	Ζ	Η	Θ
Ι	Κ	Λ	Μ	Ν	Ξ	Ο	Π
Ρ	Σ	Τ	Υ	Φ	Χ	Ψ	Ω

Dies ist deshalb sehr merkwürdig, weil in der Überlieferung der gesamten übrigen vorchristlichen griechischen Literatur (abgesehen vom Homerischen Epos) zur Buchzählung durchweg das dezimale System der Buchstabenzahlen verwendet wird. Dieses System wurde um 300 v. Chr. geschaffen, indem man das übliche 24-Buchstaben-Alphabet durch Einschaltung der ungebräuchlichen Buchstaben F («Digamma»), Ϙ («Qoppa») und ϡ («Sampi») auf 27 Buchstaben erweiterte. So ergaben sich drei Neunerreihen, wobei die erste die Einer, die zweite die Zehner und die dritte die Hunderter bezeichnete:

Α	Β	Γ	Δ	Ε	**F**	Ζ	Η	Θ
1	2	3	4	5	**6**	7	8	9
Ι	Κ	Λ	Μ	Ν	Ξ	Ο	Π	**Ϙ**
10	20	30	40	50	60	70	80	**90**
Ρ	Σ	Τ	Υ	Φ	Χ	Ψ	Ω	**ϡ**
100	200	300	400	500	600	700	800	**900**

Die allgemeine Verwendung dieses hellenistischen Dezimalsystems zur Einzelbuchzählung lässt darauf schließen, dass es in die Buchzählung eingeführt wurde, als im frühen 3. Jahrhundert v. Chr. die Werke der griechischen Literatur in der Bibliothek von Alexandria zusammengetragen und katalogisiert wurden. Auf diesen Vorgang geht offenkundig auch das bereits erwähnte hellenistische Verzeichnis Aristotelischer Schriften zurück, denn auch dort werden die Einzelbücher pro Werktitel jeweils mittels des hellenistischen Dezimalsystems durchgezählt. Demnach weicht das hellenistische Verzeichnis nicht nur im Schriftenbestand, sondern auch in der Art und Weise der Einzelbuchzählung eklatant von dem uns überlieferten Corpus ab, in dem die Einzelbücher, wie gesagt, mit Ordnungsbuchstaben bezeichnet sind. Daraus folgt, dass in hellenistischer Zeit zwar ein großer Bestand an Aristotelischen Schriften erfasst und katalogisiert worden ist, dass aber das uns überlieferte Corpus in dieser Zeit aus dem Verkehr gezogen war und deshalb auch nicht mit den Buchzahlen des neuen Dezimalsystems versehen wurde.

Durch diese Tatsachen werden die Grundzüge eines in der älteren Forschung gern als fiktiv abgetanen Berichtes des Geographen Strabon (13, 2, 54) rehabilitiert, der – ergänzt durch weitere Zeugnisse – folgendes Bild ergibt: Aristoteles' wichtigster Schüler Theophrast hat in seinem im Wortlaut erhaltenen Testament (Diogenes Laertios 5, 52) seine Bibliothek, die auch die Lehrschriften des Aristoteles enthielt, seinem Schüler Neleus vermacht. Nach dem Tod des Theophrast (um 287 v. Chr.) hat Neleus zwar die abgeschlossenen und publizierten Werke des Aristoteles und des Theophrast zusammen mit den Werken anderer Autoren an die Bibliothek von Alexandria verkauft, aber die schulinternen Lehr- und Arbeitsmanuskripte beider Philosophen in seine kleinasiatische Heimatstadt Skepsis (unweit von Troia) mitgenommen. Diese Manuskripte wurden später in Skepsis von den philosophisch desinteressierten Nachkommen des Neleus in einem unterirdischen Stollen verborgen, womöglich um sie vor den Bibliotheks-Agenten der Könige von Pergamon in Sicherheit zu bringen. Im frühen 1. Jahrhundert v. Chr. hat die Familie die Manuskripte dann in teilweise lädiertem Zustand an den Athener Bibliophilen Apellikon von Teos verkauft. Nach der Besetzung Athens durch den römischen Feldherrn Sulla (86 v. Chr.) ließ dieser die Manuskripte als Kriegsbeute nach Rom verbringen. Dort wurden sie dann noch im 1. Jahrhundert v. Chr. von Andronikos von Rhodos in sein bereits erwähntes, von Ptolemaios al-Gharīb benutztes Schriftenverzeichnis aufgenommen und seiner von Plutarch und Porphyrios bezeugten Aristoteles-Ausgabe zugrundegelegt.

Einmal ans Licht gekommen, müssen sich die Lehrschriften unseres Corpus innerhalb der ersten beiden nachchristlichen Jahrhunderte vollständig gegen die schon im Hellenismus umlaufenden Aristotelischen Schriften durchgesetzt haben. Die für uns seit dem Werk Alexanders von Aphrodisias (um 200 n. Chr.) überlieferte Aristoteles-Kommentierung gilt nämlich ausschließlich den Schriften unseres Corpus, auch wenn Alexander zum Zweck der Erläuterung die heute verlorenen philosophiehistorischen Schriften des Aristoteles über die Pythagoreer und über Platon durchaus zitiert. Ihre weite Verbreitung in der Spätantike verdanken die Schriften des *Corpus Aristotelicum* dann dem Umstand, dass eine ganze Reihe von ihnen in den dominierenden Platonischen Schulen von Athen und Alexandria dem Unterricht zugrundegelegt wurden. Auch die spätantiken Aristoteles-Kommentatoren seit Porphyrios sind in der Regel Platoniker.

Der auf Platons und Aristoteles' Werken basierende philosophische Unterrichtsbetrieb kam jedoch zum Erliegen, als Kaiser Justinian im Jahre 529 n. Chr. die Unterrichtstätigkeit heidnischer Philosophen untersagte. Damit sank auch der Bedarf an neuen Abschriften Aristotelischer Werke. Zudem fiel im Jahre 641 n. Chr. Ägypten und damit der Lieferant des im Nildelta hergestellten Papyrus an die Araber, so dass man bei der Buchproduktion für einige Jahrhunderte, bis zur Verbreitung des Papiers, auf das teure, zuvor nur für Luxusausgaben verwendete Pergament angewiesen war. Schließlich waren die beiden auf den Verlust Ägyptens folgenden Jahrhunderte wegen der Abwehrkämpfe gegen Araber und Bulgaren nach außen und wegen theologischer Zerwürfnisse im Inneren (Bilderstreit) keine den klassischen Studien günstige Zeit. Aus all diesen Gründen ging in

Byzanz zwischen 640 und 840 n. Chr. die Produktion von Abschriften profaner griechischer Autoren stark zurück.

Aristoteles-Überlieferung seit dem 9. Jahrhundert n. Chr.

In der Geschichte der Aristoteles-Überlieferung markiert das 9. Jahrhundert n. Chr. in doppelter Hinsicht einen Neubeginn, auf byzantinischer wie auf islamischer Seite. Auf byzantinischer Seite ist in der Hauptstadt Konstantinopel ein Wiedererwachen des Interesses an profanen griechischen Autoren zu verzeichnen, das mit Namen wie Leon dem Mathematiker (ca. 790 – nach 869 n. Chr.), dem Patriarchen Photios (ca. 810 – ca. 893 n. Chr.) und seinem Schüler Arethas (ca. 860 – ca. 935 n. Chr.) verbunden ist. Infolgedessen kommt es zu einem Neueinsatz der Handschriftenproduktion, der mit einem überlieferungsgeschichtlich folgenreichen Wechsel der Schrift einhergeht: Die seit der Spätantike kaum veränderte Majuskel-, d. h. Großbuchstabenschrift wird im 9. Jahrhundert n. Chr. in die Minuskel-, d. h. Kleinbuchstabenschrift umgeschrieben («transliteriert»), die aus der Kursive hervorgegangen und als Buchschrift seit dem Jahr 835 n. Chr. nachweisbar ist. Als Vorlagen hierfür werden im 9. Jahrhundert aufgrund des zuvor eingetretenen Rückgangs der Handschriftenproduktion in vielen Fällen nicht mehr als ein oder zwei fragile Papyruscodices aus der Zeit vor 640 n. Chr. greifbar gewesen sein. Zudem war die Transliteration eine mühsame und fehlerträchtige Arbeit, da in den alten Majuskelvorlagen die Wortgrenzen oft weder durch Zwischenräume noch durch konsequente Akzentuierung markiert waren. Aus diesen Gründen wurde ein bestimmtes Werk in der Regel nur einmal, allenfalls in wichtigen Fällen und bei Vorliegen zweier voneinander deutlich abweichender Majuskelvorlagen auch zweimal transliteriert, während weitere Kopien dann durch Abschreiben des Transliterationsexemplars hergestellt wurden. Abgesehen von antiken Papyrusfragmenten geht die gesamte uns vorliegende handschriftliche Überlieferung der antiken griechischen Literatur auf die Transliterationsexemplare des 9. Jahrhunderts n. Chr. zurück.

Unter allen profanen griechischen Autoren hat nun Aristoteles am meisten von der mit der Transliteration eingeleiteten Entwicklung profitiert: Vom 9. bis zum 16. Jahrhundert wurden über 1000 griechische Codices hergestellt, die Teile des Corpus Aristotelicum enthalten, während es selbst im Falle Platons nur etwa 260 Handschriften sind. Zudem ging die Vervielfältigung der Aristoteles-Texte mit einer lebhaften Kommentierungstätigkeit einher, die im 9. Jahrhundert mit Photios einsetzte und erst nach dem Fall Konstantinopels im Jahre 1453 versiegte. Die nächstliegende, wenn auch keineswegs die einzige Aufgabe der modernen Textkritik besteht darin, durch Sichtung aller griechischen Handschriften eines bestimmten Werkes und durch ihre methodische Auswertung das Transliterationsexemplar bzw. die Transliterationsexemplare des 9. Jahrhunderts zu rekonstruieren – eine Aufgabe, die nur für ganz wenige Schriften wie z. B. *De generatione et corruptione*, *Historia animalium*, *Poetik* und *Rhetorik* bereits gelöst werden konnte, während man bei den meisten Werken noch völlig im Dunkeln tappt. Vollends die erhaltenen byzantinischen Aristoteles-Kommentare sind im Gegensatz zu denen des Altertums bislang noch größtenteils unediert.

Im 9. Jahrhundert beginnt aber auch die Übersetzung der Werke des Aristoteles ins Arabische. Der abbasidische Kalif al-Mansūr (Regierungszeit 754–775), dessen Familie im Jahre 750 n. Chr. die Umayyaden-Dynastie abgelöst hatte, ließ anstelle der Umayyaden-Hauptstadt Damaskus seit dem Jahre 762 n. Chr. Bagdad als neue Hauptstadt erbauen. Ein wichtiger Teil der abbasidischen Kulturpolitik bestand darin, in Bagdad eine griechisch-arabische Übersetzungsbewegung ins Leben zu rufen und zu fördern, die sich zunächst auf medizinische, dann, vor allem seit dem Kalifat des al-Ma'mūn (819–833), auch auf philosophische griechische Texte erstreckte (Gutas 1998). Als Übersetzer wurden vielfach gelehrte Syrer beschäftigt, die als Christen des Griechischen mächtig waren; deshalb wurde der griechische Text vielfach zunächst ins Syrische und dann vom Syrischen ins Arabische übersetzt: Dies gilt z. B. für den Kommentar Alexanders von Aphrodisias zu Buch *Lambda* der *Me-*

taphysik, der überhaupt nur in der syrisch-arabischen Übersetzung des Abū Bišr Mattā erhalten blieb. Doch gibt es auch Beispiele für direkte Übersetzung aus dem Griechischen ins Arabische, etwa die von dem Griechen Eustathios (Uṣṭāṯ) erarbeitete griechisch-arabische Übersetzung weiter Teile der *Metaphysik*, die Averroes in seinem Kommentar vollständig zitiert. Zwar gibt es kein echtes Aristotelisches Werk, das nicht auf Griechisch, sondern nur in arabischer Übersetzung erhalten wäre: Die von Bekker in griechischer Retroversion edierte Schrift *De plantis*, deren griechisches Original verlorenging, ist unecht. Gleichwohl ist der arabische Überlieferungszweig von erheblicher Bedeutung für die Textkritik, da die verlorenen griechischen Vorlagen der griechisch-arabischen bzw. griechisch-syrisch-arabischen Übersetzungen einerseits und die Transliterationsexemplare auf byzantinischer Seite andererseits voneinander unabhängig sind, also nicht dieselben Fehler aufweisen. Ein Beispiel hierfür ist das erste Kapitel der *Poetik*, wo die syrisch-arabische Überlieferung die Berichtigung der vielfach sinnlosen griechisch-lateinischen Überlieferung gestattet. Einen einsamen Höhepunkt der mittelalterlichen Aristoteles-Rezeption stellen die auf der Grundlage arabischer Übersetzungen und in arabischer Sprache verfassten Kommentare des Ibn Rušd (lateinisch: Averroës, 1126–1198) von Córdoba dar. Den Nachteil, der darin lag, dass er Aristoteles nur in arabischer Übersetzung rezipieren konnte, glich er durch Scharfsinn wieder aus.

Die mittelalterliche Aristoteles-Rezeption in Westeuropa war durch die Tatsache geprägt, dass dort in der Spätantike die Kenntnis des Griechischen bis auf verschwindende Reste verlorengegangen war und nur die im «Organon» zusammengestellten logischen Schriften (durch Boethius) ins Lateinische übersetzt worden waren. Zu einer breiteren Aristoteles-Rezeption konnte es nicht kommen, solange lateinische Übersetzungen der Werke außerhalb des Organon fehlten. Im frühen 12. Jahrhundert n. Chr. versuchte sich als erster Jakob von Venedig an lateinischen Neuübersetzungen aus dem Griechischen, doch blieben diese den Zeitgenossen vielfach unverständlich. Ein neuer Aristotelismus wurde erst dadurch in Gang gebracht, dass im frühen 13. Jahrhundert, vor allem durch Michael Scot, die arabischen Aristoteles-Kommentare des Averroës ins Lateinische übersetzt wurden. Hierdurch wurde einem ungleich verbesserten Sachverständnis die Bahn geebnet, das dann im späteren 13. Jahrhundert auch adäquate griechisch-lateinische Übersetzungen ermöglichte, wie sie vor allem dem Dominikanermönch Wilhelm von Moerbeke (ca. 1215–1286) zu verdanken sind.

4. Argumentieren

Das zentrale Thema der im Organon vereinigten Schriften zusammen mit der *Rhetorik* ist die deduktive Argumentation, kurz: Deduktion, d.h. die Ableitung eines Schluss-Satzes, der *Conclusio*, aus bestimmten Vordersätzen, den Prämissen. Im Hinblick auf ihre Bestandteile bezeichnet man die Deduktion auch als Prämissen-*Conclusio*-Argumentation (P-C-Argumentation). Der Aristotelische Terminus für Prämisse ist *protasis*, für *Conclusio*: *symperasma*, für eine Deduktion: *syllogismos*. Während der moderne Begriff «Syllogismus» nur eine ganz bestimmte Form von Deduktion bezeichnet, ist der Begriff *syllogismos* bei Aristoteles weiter und meint die Deduktion als solche.

Die Definition der Deduktion

Die Aristotelische Definition der Deduktion bezieht sich ursprünglich auf eine Argumentation, die im Gespräch entwickelt wird. Es handelt sich um ein Gespräch zwischen zwei Personen, deren eine die Rolle des Fragers und deren andere die Rolle des Antworters übernimmt. Der Frager zielt darauf ab, seinen Gesprächspartner, den Antworter, zur Anerkennung eines bestimmten Satzes zu zwingen (vgl. das Adverb «zwingend» in der Definition). Dabei gelten folgende Spielregeln:

a) Der Frager hat die Aufgabe, die Argumentation aufzubauen,

d. h., er muss die Prämissen beibringen, aus denen sich die von ihm angestrebte *Conclusio* zwingend ergibt.

b) Der Frager muss die Prämissen in Frageform vorlegen, und er darf nur solche Prämissen verwenden, denen der Antworter zugestimmt hat.

Sein Beweisziel selbst darf der Frager nicht unter die Prämissen schmuggeln: Die *Conclusio* muss von den Prämissen verschieden sein.

Speziell für die Prämisse gibt es zwei Bezeichnungen, *protasis* und *keimenon*, je nachdem, ob sie vorerst nur angeboten oder auch schon akzeptiert wurde. Der Frager bietet jede Prämisse dem Antworter zur Zustimmung oder Ablehnung an, und solange die betreffende Prämisse nur eine Frage des Fragers ist, heißt sie *protasis* – von *proteinein* «hinhalten, anbieten». Sobald aber der Antworter die Prämisse akzeptiert, d. h. «gesetzt» hat, heißt sie «das Gesetzte» (*keimenon*) – Partizip Perfekt Passiv zu *tithenai* «setzen». Deshalb ist in der Definition nicht von *protasis*, sondern von *keimena* die Rede. Die terminologische Differenzierung zwischen vorgeschlagener Prämisse (*protasis*) und akzeptierter Prämisse (*keimenon*) hätte außerhalb des Gesprächs in Frage und Antwort keinen Sinn.

Aus den genannten Spielregeln und der Erläuterung des Prämissenbegriffs erklärt sich die Definition des *syllogismos* (Deduktion), die Aristoteles in Top. I 1, 100^{a}25–27 vorlegt und später mehrfach in variierter Form wieder aufgenommen hat:

Eine Deduktion (*syllogismos*) ist eine Argumentation (*logos*), in der nach Vornahme bestimmter Setzungen (*tethenton tinōn*) etwas von diesem Gesetzten Verschiedenes (*heteron ti tōn keimenōn*) sich zwingend (*ex anankēs*) durch das Gesetzte (*dia tōn keimenōn*) ergibt.

Die Deduktion und ihr «Sitz im Leben»

Im achten Buch der *Topik* unterscheidet Aristoteles drei Arten der «Argumentation in Frage und Antwort»: Lehrgespräch, Streitgespräch und dialektisches Gespräch.

Argumentieren in Frage und Antwort

LEHRGESPRÄCH (Apodeiktik)

DIALEKTIK (im weiteren Sinne)

STREITGESPRÄCH (Eristik)

ÜBUNG / THESENPRÜFUNG (Dialektik im engeren Sinne)

AUF-DIE-PROBE-STELLEN («Sokratische» Peirastik)

Für jede der drei Arten geht Aristoteles insbesondere der Frage nach, welchen Regeln das Verhalten des Antworters folgen soll.

a) In den Lehrgesprächen (apodeiktischen Gesprächen) ist die Aufgabe des antwortenden Schülers klar: Er hat dem fragenden Lehrer vertrauensvoll alle Prämissen einzuräumen, die ihm, dem Schüler, wahr scheinen, da der Lehrer diese Prämissen nicht zur Demonstration eines unwahren Satzes missbrauchen wird. Bei den Deduktionen zu Lehrzwecken hat Aristoteles die Bindung an ein Gespräch in Frage und Antwort schon früh aufgegeben.

b) In den Gesprächen der Streitenden, die das Thema der *Sophistici elenchi* sind, muss der Antworter um jeden Preis den Anschein vermeiden, durch die Argumentation des Fragers bezwungen worden zu sein.

c) Eine dritte Art von Gesprächen ist das in der *Topik* behandelte dialektische Gespräch. In Platons Frühdialogen war es, als «peirastisches» Gespräch, Sokrates' Mittel, seine Gegner des Scheinwissens zu überführen. Nach Aristoteles hingegen soll das dialektische Gespräch primär der Übung (*gymnasia*) im Argumentieren dienen; und zwar in der Weise, dass der Frager eine vom Antworter zu Übungszwecken gewählte Position auf ihre Schwachstellen prüft (*skepsis*). Hier hat der Antworter die vom Frager vorgelegten Prämissen genau dann zu akzeptieren, wenn sie in höherem Grade *endoxa* sind, d.h. in höherem Grade allgemein anerkannt sind als die *Conclusio*, die der Frager letztlich aus ihnen ableiten möchte. Der Sinn dieser Norm sei am Verlauf des Übungsgesprächs erläutert.

Verlauf des dialektischen Übungsgespräches

Thema des in Frage und Antwort geführten Gesprächs ist stets ein bejahender Satz, d. h. die Verbindung eines bestimmten Subjekts mit einem bestimmten Prädikat. Zu Beginn des Gesprächs wird dem Antworter die Wahlfrage (*problēma*) «vorgeworfen», ob dieser Satz zutrifft oder nicht, z. B.: «Ist die Welt ewig oder nicht?» Mit seiner Antwort auf diese Wahlfrage (Beispiel: «Die Welt ist ewig.») hat der Antworter den Satz bestimmt, den er nun gegen den Frager verteidigen muss. Dieser Satz kann nun ein Satz sein, der in gutem Ruf steht (*endoxon*), in schlechtem Ruf (*adoxon*) oder keines von beidem. Diese Eigenschaft ist skalierbar: Der betreffende Satz kann allen Menschen als plausibel gelten, oder den meisten, oder den Weisen, und auch bei diesen wieder entweder allen oder den meisten.

Mit der Entscheidung des Antworters ist zugleich dem Frager die *Conclusio* vorgegeben, die er dann in der folgenden Diskussion mittels geeigneter Prämissen ansteuern muss, nämlich stets das kontradiktorische Gegenteil der Position des Antworters. Deshalb hat der Antworter mit seiner anfänglichen Positionsbestimmung zugleich auch schon über die Schwierigkeit der Aufgabe entschieden, vor der nun der Frager stehen wird: Hat der Antworter denjenigen Satz aus dem kontradiktorischen Gegensatzpaar für sich ausgewählt, der in schlechtem Ruf steht, dann darf der Frager das kontradiktorische Gegenteil eines Satzes von schlechtem Ruf, mithin einen Satz von gutem Ruf, erweisen. Entscheidet sich der Antworter aber für die in gutem Ruf stehende Hälfte der Wahlfrage, muss der Frager wohl oder übel die verbleibende, in schlechtem Ruf stehende Hälfte zu erweisen suchen.

Da der Frager für jeden Schritt seiner Argumentation auf die Zustimmung des Antworters angewiesen ist, muss er versuchen, den Zusammenhang der Prämissen mit seinem Argumentationsziel so lange wie möglich im Dunkeln zu lassen. Gleichwohl muss das Verhalten des Antworters in einer Weise normiert werden, die sowohl eine interessengeleitete Blockadehaltung seinerseits verhindert und zugleich den unterschiedlichen möglichen Schwierigkeitsgraden der dem Frager gestellten Aufgabe gerecht wird. Diesem doppelten Ziel will die erwähnte Norm dienen, der zufolge der Antworter dem Frager alle Prämissen einzuräumen hat, die in höherem Grade *endoxa*, d. h. in höherem Grade allgemein anerkannt sind als das Argumentationsziel des Fragers.

Hat der Frager alle für sein Ziel nötigen Prämissen beisammen, so soll er die abschließende *Conclusio*, also den Satz, der ihm als Argumentationsziel von Anfang an vor Augen stand, nicht in Frageform, sondern in Behauptungsform aussprechen: Der Antworter soll jetzt keine Gelegenheit zum Widerspruch mehr haben.

Die Topoi

In logischer Hinsicht besteht die Aufgabe des Fragers darin, im Hinblick auf sein Beweisziel Prämissen zu ermitteln, aus denen sich dieses Beweisziel deduzieren lässt: Er muss das vorgelegte Problem, das er in einem der These des Antworters entgegengesetzten Sinne beantworten will, auf sein argumentatives Potenzial hin analysieren. Hat der Antworter den bejahenden Satz vertreten, so hat der Frager diesen Satz als falsch zu erweisen, bzw. aristotelisch gesprochen, die Verbindung zwischen Subjekt und Prädikat aufzuheben (*anhairein*; *anaskeuazein*): Er muss also zeigen, dass eine notwendige Bedingung für die Verbindung von Subjekt und Prädikat nicht erfüllt ist. Hat der Antworter den bejahenden Satz bestritten, so hat der Frager die Wahrheit dieses Satzes zu erweisen, d. h. die Verbindung zwischen Subjekt und Prädikat zu etablieren (*kataskeuazein*): Er muss also zeigen, dass eine hinreichende Bedingung für die Verbindung von Subjekt und Prädikat erfüllt ist.

Zur Ermittlung der hierfür geeigneten Prämissen hat Aristoteles in den mittleren Büchern II–VII der *Topik* eine Sammlung von rund 300 sprachlich-sachlichen Gesetzmäßigkeiten, sogenannten *topoi*, bereitgestellt: Mit deren Hilfe können zu einem gegebenen Satz die notwendigen bzw. hinreichenden Bedingungen konstruiert werden, die für seine Aufhebung bzw. Etablierung benötigt werden. Die Topoi erfüllen ihre Aufgabe in der

Weise, dass sie eine Umformung angeben, durch die aus dem zur Diskussion stehenden Satz **p** ein Satz **q** gebildet werden kann, der zu **p** in dem je nach Argumentationsziel benötigten Implikationsverhältnis steht, d.h. eine notwendige oder hinreichende Bedingung für **p**. Im konkreten Fall hat der Frager die These des Antworters also daraufhin zu prüfen – Aristoteles bezeichnet dies terminologisch als *(epi)skopein* bzw. als *skepsis* –, welchen Topos (bzw. welche Topoi) er auf die These anwenden kann.

Die vier Klassen prädizierter Prädikate

Auch eine noch so umfangreiche Sammlung von Topoi könnte nicht für jeden denkbaren Satz **p** im Einzelnen eine notwendige oder hinreichende Bedingung angeben. Vielmehr können die von Aristoteles gesammelten Topoi ihren Zweck nur erfüllen, wenn sie jeweils auf eine Mehrzahl von Sätzen anwendbar sind.

Deshalb hat Aristoteles die Gesamtheit aller möglicherweise zur Diskussion gestellten Sätze in vier Klassen eingeteilt und dann jeder der vier Klassen zahlreiche Topoi zugeordnet. Das Kriterium für die Klasseneinteilung ist der jeweils vorliegende Prädikationstyp: Nach Aristoteles kann das Prädikat entweder (a) Definition (*horos*) des Subjekts sein, oder (b) ein Proprium, d.h. eine Eigentümlichkeit (*idion*) des Subjekts angeben, oder (c) den Gattungsbegriff (*genos*) des Subjekts angeben, oder (d) ein Akzidens (*symbebēkos*) des Subjekts angeben. Für jede dieser vier Klassen prädizierter Prädikate hat Aristoteles eine Anzahl von Topoi angegeben, die dann, wenn sie auf einen dem betreffenden Prädikationstyp entsprechenden Satz **p** anwendbar sind, die Bildung einer notwendigen bzw. hinreichenden Bedingung für **p** ermöglichen.

Die dialektische Methode in Rhetorik und Philosophie

Die Fähigkeit, zu vorgegebenen Zielen sowohl zustimmungsfähige als auch schlüssige Argumente zu bauen, wird im dialektischen Übungsgespräch erworben: Angewendet aber wird sie in anderen Zusammenhängen. Sie ist zunächst der Kern der von Aristoteles neu konzipierten methodischen Rhetorik; im Hinblick darauf nennt Aristoteles die Rhetorik in *Rhet.* I 1 geradezu das «Gegenstück der Dialektik». Zwar holt der Redner vor Volksversammlung und Volksgericht nicht zu jeder Prämisse die Zustimmung seiner Hörer ein; und langen Prämissenketten vermögen die meisten Hörer ohnehin nicht zu folgen. Umso wichtiger aber ist es für den Redner, als Prämissen nur Sätze einzuführen, die für sein Publikum «glaubwürdig» (*pithanon*) sind, was dem dialektischen Kriterium des *endoxon* entspricht. Vor allem aber ist der logische Kern der dialektischen Methode, also die Konstruktion schlüssiger Prämissen zu vorgegebenen Argumentationszielen, auf die Rhetorik weitgehend zu übertragen. An die Stelle der vier Klassen prädizierter Prädikate tritt in der *Rhetorik* die Einteilung der möglichen Argumentationsziele nach den drei Verwendungszwecken Gerichtsrede, politische Beratungsrede und öffentliche Lobrede.

Andererseits macht auch der Philosoph, dem ein bestimmtes Beweisziel vorschwebt, bis zur Identifikation der dafür geeigneten Topoi von der dialektischen Methode Gebrauch, auch wenn bei ihm das von taktischen Erwägungen mitbestimmte Arrangieren der Prämissen entfällt. Für die Weiterentwicklung der Logik selbst war gerade die ursprüngliche Bindung der Verwendbarkeit von Prämissen an die Zustimmung des Antworters von Bedeutung: Dadurch hat Aristoteles die Frage nach der Wahrheit der Prämissen suspendiert, und er konnte sie suspendieren, weil er die Zulassung der Prämissen an das Verfahren der Zustimmung delegierte. Damit hat er den Blick dafür freigemacht, dass die – nunmehr vom Topos garantierte – formale Gültigkeit des Schlusses von der Wahrheit der Prämissen gänzlich unabhängig ist. Von diesem logischen Kern der dialektischen Methode führt es allzu weit ab, wenn man in der neueren Aristoteles-Forschung immer schon dann von Dialektik redet, wenn bei Aristoteles in irgendeiner Weise weithin anerkannte Sätze (*endoxa*) ins Spiel kommen.

Die assertorische Syllogistik

In *Anal. Pr.* I 4–7 hat Aristoteles ein System gültiger Schlüsse aufgestellt, das gegenüber dem in der *Topik* zugrundegelegten System der vier Klassen prädizierter Prädikate einerseits vereinfacht, andererseits formalisiert ist: Die in diesem System zu deduzierenden Conclusionen, bei deren formalisierter Schreibung der Prädikatsbegriff **P** stets an erster und der Subjektsbegriff **S** stets an zweiter Stelle steht, unterscheiden sich nämlich strukturell voneinander nur durch die je verschiedene Quantifizierung des Subjektsbegriffs **S**:

P a S («P kommt allen S zu»): Der Prädikatsbegriff **P** wird allen Trägern des Subjektsbegriffs **S** zugesprochen.

P e S («P kommt keinem S zu»): Der Prädikatsbegriff **P** wird allen Trägern des Subjektsbegriffs **S** abgesprochen.

P i S: («P kommt einigen S zu»): Der Prädikatsbegriff **P** wird einigen Trägern des Subjektsbegriffs **S** zugesprochen.

P o S («P kommt einigen S nicht zu»): Der Prädikatsbegriff **P** wird einigen Trägern des Subjektsbegriffs **S** abgesprochen.

Zu jedem der vier Conclusions-Typen werden nun mittels eines in der *Conclusio* nicht auftretenden Mittelbegriffs **M** Prämissenpaare gebildet, wobei dieser Mittelbegriff **M** in der ersten Prämisse stets mit dem Prädikatsbegriff **P** der *Conclusio* und in der zweiten Prämisse stets mit dem Subjektsbegriff **S** der *Conclusio* verbunden wird. Hierbei unterscheidet Aristoteles je nach der Stellung des Mittelbegriffs in den beiden Prämissen drei syllogistische Figuren:

1. Figur	2. Figur	3. Figur
P **M**	**M** P	P **M**
M S	**M** S	S **M**
P S	P S	P S

Die erste Figur liegt vor, wenn der Mittelbegriff **M** in der ersten Prämisse als Subjekt und in der zweiten als Prädikat auftritt.

Die zweite Figur liegt vor, wenn der Mittelbegriff **M** in beiden Prämissen als Prädikat auftritt. Die dritte Figur liegt vor, wenn der Mittelbegriff **M** in beiden Prämissen als Subjekt auftritt. Überdies müssen beide Prämissen jeweils einen der vier auch schon für die Conclusionen verwendeten Quantoren **a**, **e**, **i**, **o** aufweisen, woraus sich 16 mögliche Paarungen von Quantitäten ergeben, die sogenannten Modi:

aa	ae	ai	ao
ea	ee	ei	eo
ia	ie	ii	io
oa	oe	oi	oo

Da diese 16 Modi in allen drei syllogistischen Figuren auftreten können, ergeben sich insgesamt 48 Modi. In der assertorischen Syllogistik zeigt Aristoteles nun, dass 14 dieser 48 Modi einen gültigen Schluss ermöglichen. Zu diesem Zweck beweist er die Gültigkeit der gültigen Modi und die Ungültigkeit der ungültigen. Die entscheidende Voraussetzung für den Systemcharakter der Syllogistik liegt darin, dass die Gültigkeit der gültigen Modi der 1. Figur als evident betrachtet wird: Sie gelten nicht nur als gültige, sondern darüber hinaus als vollkommene Syllogismen. Deshalb bedürfen die gültigen Modi der ersten Figur keines Beweises, und ein Beweis für die gültigen Modi der zweiten und dritten Figur besteht jeweils darin, diese Modi durch Einschaltung zusätzlicher Prämissen auf gültige Modi der ersten Figur zurückzuführen.

Die Bedeutung der assertorischen Syllogistik liegt nicht zuletzt darin, dass Aristoteles den Prädikats- und den Subjektsbegriff der *Conclusio* ebenso wie den Mittelbegriff in der metasprachlichen Analyse der Modi durch Variablen bezeichnet. Damit macht er nämlich unübertrefflich deutlich, dass die Gültigkeit bzw. Ungültigkeit der betreffenden Modi vom normalsprachlichen Inhalt der beteiligten Sätze völlig unabhängig ist und rein formale Gründe hat.

5. Die veränderliche Welt

Aus Aristoteles' Beschäftigung mit Dialektik, Argumentation und logischer Schlüssigkeit (S. 38ff.) gehen zentrale Werkzeuge und Methoden seines Philosophierens hervor. Ebenso prägend für sein Denken ist jedoch die Überzeugung, dass sich Philosophie nicht nur mit Begriffsdefinitionen und abstrakten Gegenständen befassen darf, sondern sich der konkreten veränderlichen Welt zuwenden muss.

Die Welt, insofern sie veränderlich ist und insofern Bewegung in ihr stattfindet, ist Gegenstand von Aristoteles' *Physik*. Hier entwickelt er Begriffe und Theoreme, die in seinem philosophischen Denken eine zentrale Rolle spielen. Die *Physik* befasst sich mit natürlichen Dingen; diese seien dadurch gekennzeichnet, dass sie ein Prinzip der Bewegung und des Stillstands in sich selbst haben (*Phys.* II 1). Das unterscheide die natürlichen Dinge einerseits von abstrakten Ideen und Zahlen, die sich nicht verändern und nicht ursächlich in die Prozesse der sinnlich wahrnehmbaren Welt einbezogen sind; andererseits unterscheide sie das von den artifiziellen Gegenständen der Kunst oder des Handwerks, die sich zwar verändern, aber bei denen der Grund der Veränderung außerhalb, nämlich im Künstler oder Handwerker, liege (*Metaph.* VI 1, 1025^{b}19–26).

Prinzipien der Veränderung

Veränderung kann nach Aristoteles in vier verschiedenen Weisen auftreten (*Phys.* III 1, 201^{a}3–9;): als Veränderung der Quantität (z.B. wenn etwas kleiner oder größer wird), als Veränderung der Qualität (z.B. wenn etwas Helles dunkel wird), als Veränderung der Substanz nach (wenn etwas entsteht oder vergeht) und als Veränderung dem Ort nach (wenn sich etwas vom einen Ort zum anderen bewegt oder bewegt wird). Allgemein hat jede Veränderung einen Ausgangs- und einen Endzustand. Eine grüne Tomate wird rot – Ausgangszustand: grün, Endzustand: rot. Eine unreife Tomate wird reif – Ausgangszustand: unreif, Endzustand: reif. Nun könnte man zwar auch sagen, dass etwas Unreifes rot oder etwas Grünes reif wird, aber Vorsicht: Genau genommen, würde Aristoteles sagen, kann nur etwas Grünes rot, etwas Unreifes reif werden, denn alle Veränderungen vollziehen sich zwischen Gegensätzen, wie rot-grün, unreif-reif, oder zwischen Mittelwerten auf einer Skala von Gegensätzen, so wie die Veränderung zwischen hellgrau zu dunkelgrau auf der Skala zwischen weiß und schwarz liegt. Das führt zu Aristoteles' erstem Theorem über Veränderung: Jede Veränderung vollzieht sich zwischen Gegensätzen (quantitativ: z.B. klein-groß; qualitativ: z.B. unreif-reif; Veränderung der Substanz nach: z.B. Nicht-Haus und Haus; Ortsveränderung: z.B. oben-unten). Man kann dasselbe Theorem auch folgendermaßen beschreiben: Der Endzustand der Veränderung besteht darin, dass z.B. ein Haus existiert und etwas die Eigenschaft, Gestalt oder Form eines Hauses hat. Folglich besteht der Anfangszustand darin, dass die Haus-Gestalt oder Haus-Form fehlt; Aristoteles nennt dies die Abwesenheit oder *Privation* der Haus-Gestalt. Entsprechend besteht der Endzustand einer Veränderung von schwarz nach weiß darin, dass etwas in einem Zustand des Weiß-Seins ist, während der Ausgangszustand in der Abwesenheit bzw. der Privation des Weiß-Seins besteht. Folglich scheinen sich alle Veränderungen zwischen Abwesenheit (Privation) und Anwesenheit (Habitus) einer Form zu vollziehen. Man kann daher sagen, dass Privation und (Anwesenheit einer) Form zwei Prinzipien der Veränderung sind.

Wenn wir sagen, dass sich etwas Unreifes in etwas Reifes verändert, dann meint das nach Aristoteles' Analyse, dass sich etwas Drittes, das die Eigenschaft hat, unreif zu sein, dahingehend verändert, dass es die Eigenschaft, reif zu sein, annimmt. Das wiederum führt zu Aristoteles' zweitem Theorem über Veränderung, nämlich dass es neben den gegensätzlichen Eigenschaften, wie unreif und reif, etwas Drittes geben muss, das sich von unreif zu reif verändert: ein Subjekt, Substrat oder Zugrundeliegendes (griechisch: *hypokeimenon*) der Veränderung. Nicht das Unreif-Sein als solches durchläuft die Veränderung, sondern das Substrat bzw. – in unserem Beispiel – die Tomate. Demnach enthält jede Veränderung ein Gegensatzpaar (Privation und Form) und zusätzlich ein Substrat, an dem sich die Veränderung vollzieht. Folglich gibt es drei Prinzipien der Veränderung: Privation, Form und Substrat (siehe *Phys.* I 7).

Potenzialität und Aktualität

Wenn sich ein ungebildeter Mensch, der zufällig blass ist, von blass zu gebräunt verändert, kann man nicht sagen, dass das Gebräunt-Sein aus dem Ungebildet-Sein entstanden ist. Die Veränderung als solche vollzieht sich vielmehr zwischen Blassem und Gebräuntem oder zwischen Noch-nicht-Gebräuntem und Gebräuntem oder zwischen (noch-)nicht-*F* und wirklich-*F*. Daher vollzieht sich nach Aristoteles jede Veränderung zwischen etwas, das *der Möglichkeit/Potenzialität* (*dynamis*) *nach* ein *F* ist, und etwas, das *der Wirklichkeit/Aktualität* (*energeia*, *entelecheia*) *nach* ein *F* ist. Auf diese Weise kann Aristoteles auch ein altes Rätsel lösen: Wie kann etwas entstehen, wenn das Entstandene nicht schon vor der Entstehung existiert hat und eine Entstehung aus dem Nicht-Seienden abwegig erscheint (*Phys.* I 8)? Aristoteles' Lösung: Was wirklich *F* ist, ist aus dem entstanden, was der Möglichkeit nach *F* war. Ein Mensch entsteht aus dem, was der Möglichkeit oder der Potenzialität nach Mensch war (z. B. aus dem Samen). Helles entsteht aus dem, was der Möglichkeit nach hell war (also aus Dunklem oder aus Farbtönen, die auf der Skala zwischen dunkel und hell liegen). Somit entsteht das, was wirklich-*F* ist, weder aus dem, was selbst schon wirklich-*F* ist, noch aus Schlechthin-nicht-Seiendem, sondern aus dem Nicht-wirklich-*F*-Seienden, d. h. aus dem, was der Möglichkeit nach *F* ist.

So wie Fähigkeiten bei Aristoteles immer durch ihre Ausübung bestimmt werden (das Sehvermögen durch den Vollzug des Sehens, das Gehör durch den Vollzug des Hörens, das Schreiben-Können durch die schreibende Betätigung), wird auch das

Mögliche immer durch den entsprechenden aktuellen Zustand bestimmt. Das ist auch der Grund, warum Aristoteles immer wieder die Priorität der Wirklichkeit vor der Möglichkeit betont (*Metaph.* IX 8). Der Aristotelische Begriff der *energeia* ist nur schwer mit einem einzigen modernen Ausdruck wiederzugeben, weil er ganz unterschiedliche Fälle umfasst: die *energeia* einer Verhaltensdisposition z. B. ist eine Tätigkeit, d. h. etwas, was man tut oder ausführt. Aber deshalb ist nicht jede *energeia* eine Tätigkeit oder Aktivität: die Wirklichkeit/Aktualität eines möglichen Hauses ist ein Haus – das Haus muss aber keine Tätigkeit ausführen, um ein wirkliches Haus zu sein.

Form und Materie

Den genannten Prinzipien der Veränderung zufolge involviert jede Veränderung ein Substrat, an dem sich die Veränderung zwischen Gegensätzen vollzieht. *Eine* Art der Veränderung besteht nun im Entstehen und Vergehen. Was aber ist das Substrat, das eine Veränderung durchläuft, wenn ein einzelner Mensch, wie z. B. Sokrates, entsteht? Sokrates selbst kann es ja nicht sein, denn er hat vor seiner Entstehung noch nicht existiert. Aristoteles' Lösung: In Fällen wie diesen ist das Substrat, das die Veränderung durchläuft, die Materie, die eine bestimmte Form annimmt. Aristoteles illustriert diesen Zusammenhang bevorzugt an künstlichen Gegenständen: Eine Marmorstatue ist dadurch entstanden, dass man einen Marmorblock derart bearbeitet hat, dass er die Umrisse oder die Gestalt einer Statue annahm. Das materielle Substrat ist in diesem Beispiel der Marmor, die Form ist die Statuen-Gestalt; das, was im Zuge dieser Veränderung entstanden ist, die einzelne Statue, ist demnach etwas aus Form und Materie Zusammengesetztes. Mit der Statue ist etwas Neues entstanden, aber sie ist aus etwas entstanden, was schon zuvor existiert hat, nämlich aus dem Stück Marmor, ihrer Materie. Die Statue vergeht bzw. hört auf zu existieren, wenn der Marmor die Statuen-Form verliert.

Alles, was entsteht und vergeht, muss daher aus Form und Materie zusammengesetzt sein. Deshalb gilt für alle vergänglichen Dinge, dass sie ihrer Konstitution nach komplex sein müssen, weil sie aus Form und Materie zusammengesetzt sind. Diese Auffassung nennt man *Aristotelischen Hylemorphismus* (aus: *hylē* – Materie und *morphē* – Gestalt). Grundsätzlich nimmt Aristoteles an, dass der Hylemorphismus für die gesamte natürliche Welt gilt, lediglich an deren Rändern – auf der Ebene der stofflichen Elemente einerseits und auf der Ebene der Himmelskörper und dem ersten Bewegungsprinzip andererseits – kommt es zu gewissen Anomalien (S. 74 ff.).

Die Formen (*eidē*, Singular: *eidos*) des Hylemorphismus stellen immer eine Formung, ein Arrangement oder eine Strukturierung einer bestimmten Materie dar; sie können nicht unabhängig von der Materie existieren, wodurch sie sich grundlegend von den ewigen, transzendenten Ideen bzw. Formen Platons (der für seine Ideen u. a. ebenfalls den Ausdruck *eidē* verwendet) unterscheiden. Andererseits unterscheidet sich Aristoteles mit diesem Ansatz auch von den antiken Materialisten, die meinten, alle Dinge und ihre Eigenschaften hinreichend durch ihre stofflich-materielle Konstitution erklären zu können. In diesem Sinn beschrieben z. B. die milesischen Naturphilosophen alle natürlichen Dinge als Aggregatzustände von Wasser, Luft oder Feuer. Für Demokrit waren komplexe Gegenstände nichts anderes als Aggregate von Atomen, deren Größe, Gewicht und Oberflächenstruktur die Vielfalt komplexer Dinge erklären sollte. Für Aristoteles dagegen erklären sich die Eigenschaften z. B. eines Baums oder einer Schildkröte nicht primär durch deren materielle Teile, sondern dadurch, dass sie für die Dauer ihrer Existenz eine bestimmte, dieser Art von Dingen wesentliche Form aufweisen und dadurch Fähigkeiten und Funktionen ausüben, die für die betreffende Art von Dingen typisch sind. Wichtig ist hierbei der Unterschied zwischen mathematischen Formen, wie Kreis-, Würfelförmigkeit etc., und den Formen, die der Naturforscher betrachtet. Denn während Erstere an unterschiedlichsten Arten von Materie vorkommen können (z. B. gibt es bronzene, eherne, wächserne Kugeln), muss die Form natürlicher Gegenstände an einer ganz bestimmten Materie auftreten: So kann die Schildkröten-Form nur als Strukturierung einer ganz bestimmten Konstellation von Materie auftreten, die die schildkrötenspezifischen Eigenschaften und Funktionen gewährleisten kann. Aristoteles vergleicht das mit der Säge, die aus einem Stoff wie Eisen beschaffen sein muss, um ihre spezifische Funktion ausüben zu können (*Phys.* II 9).

Die vier Ursachen

Um die Vorgänge in der veränderlichen Welt zu verstehen, gilt es zu erfassen, *warum* sich die Dinge so verhalten, wie sie sich verhalten. Die möglichen Antworten auf solche Warum-Fragen bestimmen, was Aristoteles unter einer *Ursache* versteht. Allerdings unterscheidet sich der Aristotelische Ursachenbegriff deutlich von den in der Moderne und Gegenwart vorherrschenden Vorstellungen von Kausalität. Letzteren zufolge sind Ursachen Ereignisse, die zeitlich den verursachten Ereignissen vorausgehen, während Aristotelische Ursachen nicht von den Entitäten verschieden sein müssen, deren Ursachen sie sind, und daher auch gleichzeitig mit ihnen existieren können. Weil es für Aristoteles vier ganz unterschiedliche Arten von Antworten auf die Warum-Frage gibt, nimmt er vier Arten von Ursachen an: die Form-, die Material-, die Bewegungs- und die Final- bzw. Zweck-Ursache (*Phys.* II 3, *Metaph.* I 3, V 2). Beispielsweise wäre bei einer Marmorstatue der Marmor die Materialursache, die Statuen-Form bzw. das, was es heißt, eine Statue zu sein (ihr Wesen), wäre die Formursache. Die Bewegungsursache oder das, woher die Entstehung der Statue ihren Ausgang nimmt, wäre der Bildhauer (oder genauer: die Kunst in der Seele des Bildhauers, durch die er Statuen herstellen kann) und die Finalursache wäre in diesem Fall die fertige Statue.

Aristotelische Ursachen erklären einerseits, warum eine Sache entstanden ist und warum sie existiert, andererseits erklären sie aber auch bestimmte Eigenschaften dieser Sache. Die Final- oder Zweckursache eines Hauses etwa besteht nach Aristoteles darin, dass es Schutz vor Wind und Wetter gewähren soll. Dieser Zweck erklärt, warum Häuser eine bestimmte Anordnung von Dächern und Wänden aufweisen und warum sie bestimmte

Materialien erlauben, bestimmte andere Materialien aber ausschließen. Die verwendeten Materialien, die Materialursache, erklären wiederum andere Eigenschaften, z. B. warum das Haus nicht wasserlöslich ist. Aristoteles legt großen Wert darauf, dass seine Liste der Ursachen vollständig ist, er rühmt sich sogar, als Erster alle diese Ursachenarten zu berücksichtigen. In vielen Fällen erfordere eine angemessene wissenschaftliche Erklärung, dass man auf alle vier dieser Ursachenarten eingeht. Oft sind jedoch zumindest die Form- und die Finalursache aufs Engste miteinander verknüpft. Bei einem Artefakt, wie dem erwähnten Haus, bestimmt der Zweck zugleich auch die Form und somit das Wesen dieser Sache. Bei einem Lebewesen, wie dem Menschen, besteht die Finalursache in der vollen Entfaltung der Mensch-Form durch ein erwachsenes Exemplar der Art Mensch. In diesem Fall erklärt die Finalursache, warum sich ein einzelner Mensch, beginnend mit dem Samen, so entwickelt, wie er sich entwickelt – nämlich so, dass die zum Überleben und Erwachsenwerden nötigen Phasen konsekutiv durchlaufen werden. Außerdem gibt es bei Lebewesen immer eine artgleiche Bewegungsursache, die erklärt, warum ein Lebewesen dieser bestimmten Art entsteht oder entstanden ist – also der Vater oder, genauer gesagt, die artspezifische Form, die im Samen des Vaters enthalten ist (die weibliche Seite trägt nach Aristoteles' Zeugungslehre die zur Entstehung erforderliche Materie bei).

6. Wissenschaft

Aristoteles' Theorie des Wissens und der Wissenschaft geht von einer einfachen Intuition aus: Wissen von einer Sache haben wir nur dann, wenn wir das Warum dieser Sache erfasst haben, also wenn wir ihre Ursachen (S. 51 f.) kennen. In einer einzelnen Wissenschaft geht es darum, für einen bestimmten Wissensbereich zu zeigen, warum – d. h. aufgrund welcher Ursachen – die in diesem Bereich anzutreffenden Phänomene der Fall sind. Formal geschieht dies durch einen wissenschaftlichen Beweis, d.h. durch einen Syllogismus, in dem ein Sachverhalt, von dem wir wissen, dass er der Fall ist, auf seine Ursache zurückgeführt wird. Ein solcher Beweis drückt also ein Stück Wissen aus, eine Wissenschaft besteht aus vielen solchen Beweisen plus denjenigen Dingen, die in der betreffenden Wissenschaft selbst nicht bewiesen werden können: den sogenannten Prinzipien. Wissen und Wissenschaft im uneingeschränkten Sinn kann es nur von Dingen geben, die notwendig der Fall sind: «Wir nehmen alle an, dass das, was wir wissen, sich nicht anders verhalten kann, als es tut. Was sich aber auch anders verhalten kann, von dem weiß man nicht, ob es ist oder nicht, wenn es unserer Aufmerksamkeit entschwunden ist. Der Gegenstand des Wissens besteht also auf Grund von Notwendigkeit.» (*EN* VI 3, 1139^{b}19–23) Dieses Wissensideal ist nur in den theoretischen Wissenschaften einzulösen, d.h. vor allem in der Mathematik, aber auch in der Naturwissenschaft. Jedoch zeigt sich Aristoteles flexibel, was die Anerkennung anderer Wissenschaften angeht: Praktische oder auf Herstellung bezogene Wissenschaften beziehen sich nur selten auf notwendige Sachverhalte, gleichwohl beinhalten auch sie Regularitäten und ermöglichen so eine Art von Wissen.

Aristoteles' System der Wissenschaften

Das Bild, das Aristoteles von dem System der Wissenschaften zeichnet, ist dadurch geprägt, dass grundsätzlich jede Wissenschaft für sich steht; d.h. jede Wissenschaft ist durch einen bestimmten Gegenstandsbereich (Zahlen für die Arithmetik, Lebewesen für die Zoologie, Himmelskörper für die Astronomie etc.), durch ihre eigenen Beweise und ihre besonderen Prinzipien geprägt. Es gibt daher keine Einheits- oder Überwissenschaft, die die Erkenntnisse der Einzelwissenschaften vorwegnehmen könnte. Auch haben daher die Prinzipien der einen Wissenschaft in einer anderen Wissenschaft keinerlei Bedeutung; Aristoteles kennzeichnet den Übergang von der einen Disziplin in die andere als methodischen Fehler (*metabasis eis allo genos*). Nur in genau definierten Fällen, wenn eine Wissenschaft einer anderen untergeordnet ist (wie die Optik der Geometrie), haben die Beweise der übergeordneten Wissenschaft eine Bedeutung in der untergeordneten Wissenschaft.

An einer bekannten Stelle (*Metaph.* V 1, 1025b25) bestimmt Aristoteles drei Gattungen von Wissenschaft: die herstellende, die praktische und die theoretische. Die herstellenden Wissenschaften spielen bei Aristoteles selbst keine große Rolle; gemeint sein könnten technische Disziplinen, Ackerbau, angewandte Heilkunst (die Gesundheit «herstellt»), vielleicht auch die Disziplin, die Aristoteles in seiner *Poetik* darstellt, denn immerhin hilft sie bei der Verfertigung von Produkten der Dichtung, wie Tragödie, Komödie usw. Praktische Wissenschaften haben es mit menschlichen Handlungen zu tun, Aristoteles beschäftigt sich damit ausführlich in seinen Schriften zur Ethik und zur politischen Theorie. Im Rahmen seiner praktischen Philosophie wird Aristoteles nicht müde zu betonen, dass der Gegenstand – menschliche Handlungen und Wertvorstellungen – unstet sei und daher nicht mit derselben Exaktheit behandelt werden kann wie z. B. der Gegenstand der Geometrie. Es ist daher bemerkenswert, dass sich Aristoteles auch bei der Behandlung von Fragen des Staates, der Handlungen und des Glücks so weit wie möglich am Ideal einer wissenschaftlichen Behandlung orientiert und solche Fragen nicht nur der Lebensklugheit überlässt. Die theoretischen Wissenschaften umfassen zunächst die Mathematik und die Naturwissenschaft. Vieles, was Aristoteles über den wissenschaftlichen Beweis ausführt – z. B. dass er es mit notwendigen, unveränderlichen und allgemeinen Gesetzmäßigkeiten zu tun hat –, lässt sich vielleicht am besten im Bereich der Mathematik realisieren; die Gegenstände der Naturwissenschaft oder Naturforschung (*hē physikē*) – darunter fallen u. a. die Zoologie, die Chemie (im vierten Buch der *Meteorologie*) usw. – sind alle mit Materie verbunden und können dadurch gewisse Irregularitäten aufweisen.

Wie verhält es sich dann mit der «eigentlichen» Philosophie? Auch hierunter fallen mehrere Teilprojekte. Dialektik und Logik (S. 37ff.) – obschon methodisch konstruiert – scheinen für Aristoteles keine eigentlichen Wissenschaften zu sein, denn sie haben keinen abgegrenzten Gegenstandsbereich und sie versetzen uns in die Lage, Probleme jeglichen Inhalts zu behandeln. Was Aristoteles hingegen in der *Physik* und in der *Metaphysik* behandelt – also das Veränderliche (S. 46ff.) in ersterer und das Seiende (S. 59ff.) in letzterer Schrift –, sind Kerndisziplinen der Philosophie (Aristoteles selbst spricht im Hinblick auf die *Physik* von «Zweiter», im Hinblick auf die *Metaphysik* von «Erster Philosophie») und diese sind klarerweise als theoretische Wissenschaften angelegt; dennoch weisen sie im Vergleich zu anderen Wissenschaften einen gewissen Sonderstatus auf. Die Erste Philosophie, das Projekt der Schrift *Metaphysik*, handelt über die Grundlagen von allem Seienden, was außergewöhnlich ist, weil es irgendwie auch jede Einzelwissenschaft mit Seiendem zu tun hat. Da die Erste Philosophie das Seiende aber nur unter einer bestimmten Hinsicht behandelt – nämlich insofern es seiend ist –, kann sie die Einsichten der Einzelwissenschaften weder ersetzen noch vorwegnehmen. Ähnliches gilt für die «Zweite Philosophie», also das Projekt der *Physik*: In gewisser Weise befasst diese sich mit Grundlagen aller Naturforschung, nämlich mit den Bedingungen der Veränderung; dennoch könnte sie die Ergebnisse z.B. der Zoologie (die das Veränderliche behandelt, insofern es belebt ist) nicht ersetzen oder vorwegnehmen.

Zutaten einer Aristotelischen Wissenschaft

Eine Aristotelische Wissenschaft zielt auf Beweise, aber sie besteht nicht ausschließlich aus Beweisen. Das hat mit folgenden zwei Grundsätzen zu tun, an die sich Aristoteles strikt hält. Erster Grundsatz: Jedes Wissen entsteht aus bereits vorhandenen Kenntnissen. Zweiter Grundsatz: Nicht alles kann bewiesen werden.

Der erste Grundsatz stellt vermutlich Aristoteles' Reaktion auf ein Paradox dar, das durch Platons *Menon* bekannt wurde: Wie kann man lernen? Was man weiß, kann man nicht lernen, denn man weiß es ja schon. Was man nicht weiß/kennt, kann man nicht suchen, und selbst wenn man es fände, würde man es nicht bemerken. Aristoteles charakterisiert daher Lernen und Wissensfortschritt als eine Vertiefung jeweils vorhandener Kenntnisse. So setzt eine Wissenschaft voraus, dass wir bereits wissen, dass bestimmte Phänomene existieren (z.B. dass es donnert). Dieses vorausgesetzte Faktenwissen vertieft der wissenschaftliche Beweis zu einem Ursachenwissen: aus einem Wissen-dass wird ein Wissen-warum. Ebenso setzt eine Wissenschaft voraus, dass man bereits ungefähr weiß, *was* die Dinge sind, von denen die Wissenschaft handelt (z.B. was Donner, was ein Planet oder was ein gleichwinkliges Dreieck ist). Woher weiß man das? Aus Erfahrung oder wiederholter Beobachtung und letztlich aus der Wahrnehmung. Eine Aristotelische Wissenschaft geht also immer von bestimmten Annahmen über Fakten aus sowie von Vorbegriffen, die aus der Wahrnehmung gewonnen sind und das Was oder die Eigenschaften der behandelten Gegenstände beinhalten.

Der zweite Grundsatz reagiert auf Gegner, die fordern, dass es für alles (was man wissen will) Beweise geben muss. Würde man dieser These nachgeben, wäre es am Ende unmöglich, überhaupt Wissen zu haben (*Anal. Post.* I 3). Angenommen nämlich, wir wollten A aus B beweisen, dann könnte das nur ein Beweis sein, wenn wir von B wirklich schon Wissen hätten. Wie aber könnte das sein, wenn B nicht bewiesen worden wäre, nämlich durch C? Wie aber könnten wir Wissen von C haben, wenn es nicht bewiesen worden wäre, nämlich durch D, usw.? Die Forderung, dass alles Wissen aus Beweisen herrühren müsse, führt daher zu einem unendlichen Regress oder zu einem Beweiszirkel. Das wiederum würde bedeuten, dass nichts wirklich bewiesen ist; und das wiederum würde den Gegnern zufolge bedeuten, dass es gar kein wirkliches Wissen gibt. Nach Aristoteles gibt es daher in jeder Wissenschaft Dinge, die nicht bewiesen werden können, z.B. dass es diejenigen Dinge gibt, von denen die betreffende Wissenschaft handelt.

Keinen Beweis geben kann es auch für die definitionsartigen Prinzipien einer jeden Wissenschaft; das wiederum bedeutet, dass für jeden wissenschaftlichen Beweis Definitionen des Wesens der jeweiligen Gegenstände dieser Wissenschaft vorausgesetzt werden müssen. Wie haben wir dann Kenntnis von diesen Dingen, wenn nicht durch Beweis? Weil Aristoteles den epistemischen Zustand, in dem wir Wissen von solchen Prinzipien haben, *nūs* (Einsicht, Verstehen o. ä.) nennt und sagt, dass sich der *nūs* nicht irren kann, gibt es eine lange Tradition von Interpreten, die Aristoteles die Annahme einer unfehlbaren intellektuellen Schau unterstellen, durch die wir in den Besitz dieser Prinzipien kommen und die keinerlei Diskussion oder Überprüfung zulässt. Was Aristoteles tatsächlich schildert (*Anal. Post.* II 19), ist jedoch der Prozess, durch den wir vermittels wiederholter Wahrnehmung von Dingen einer bestimmten Art uns allmählich einen Vorbegriff von dieser Art von Dingen bilden. Wir nehmen ein einzelnes Pferd wahr, dann nehmen wir noch ein und noch ein Pferd wahr, und irgendwann kommt in unserer Seele, so Aristoteles, ein erstes Allgemeines zum Stehen – nämlich dann, wenn uns der Unterschied von Pferden zu anderen Dingen, z. B. zu Eseln, klar wird. Der entsprechende Zustand in unserer Seele ist unfehlbar nur in dem bescheidenen Sinn, dass, wann immer sich ein solcher Allgemeinbegriff in der Seele einstellt, er der Allgemeinbegriff von etwas Bestimmtem, z. B. von Pferden, sein muss. Anderenfalls würden wir gar nichts (Bestimmtes) erfasst haben. Aus diesen allgemeinen Vorbegriffen, z. B. aus dem Vorbegriff davon, was es heißt, ein Pferd zu sein, entwickeln wir Wesensdefinitionen. Wie eine gelungene Definition beschaffen sein muss, beschäftigt Aristoteles immer wieder (*Top.* VI–VII, *Anal. Post.* II 1–10). Auch eine Definition kann in einem gewissen Sinn nicht falsch sein, denn wenn ich eine falsche Definition von Pferden gebe, dann ist es eben gar keine Definition.

Auch nicht bewiesen werden können die Axiome, die allen Wissenschaften gemeinsam sind. Aristoteles versteht darunter z. B. den Satz vom Widerspruch oder den Satz vom ausgeschlossenen Dritten. Weil solche Axiome allen Wissenschaften gemeinsam sind, sind sie Gegenstand der Philosophie, genauer gesagt der «Ersten Philosophie», und werden in der *Metaphysik* (Buch IV 3–9) behandelt. Da der Satz vom Widerspruch – wonach unmöglich eine Sache ein und demselben Subjekt zugleich zukommen und nicht zukommen kann – das sicherste aller Prinzipien sei, sei es unmöglich, es zu beweisen, denn ein ordentlicher Beweis muss immer das weniger Gewisse aus dem in höherem Maße Gewissen ableiten. Allerdings meint Aristoteles den Leugner dieses Prinzips widerlegen zu können. Wer das Axiom nämlich leugnen will, der muss dafür etwas sagen oder durch die Verwendung von Wörtern wenigstens irgendetwas bezeichnen. Um dies zu tun, muss aber auch der Leugner des Satzes vom Widerspruch eben dieses Axiom in Anspruch nehmen, denn er muss seine Worte so gebrauchen, dass sie nicht zugleich etwas Bestimmtes bezeichnen und es nicht bezeichnen, denn sonst wäre das Gesagte unverständlich. Um keinen Gebrauch von diesem Prinzip zu machen, müsste man also gleich schweigen und nichts mehr sagen oder denken – dann aber, so Aristoteles, wäre man wie eine Pflanze.

Der wissenschaftliche Beweis

Nach Aristoteles wissen wir eine Sache nur, wenn wir ihre Ursache erfasst haben (*Phys.* II 3, 194ᵇ17–20). Uneingeschränktes Wissen von x besteht darin zu wissen, dass x notwendig der Fall ist und dass y die Ursache von x (im Sinne Aristotelischer Ursachen: siehe Kap. 5) ist (*Anal. Post.* I 2, 71ᵇ9–12). In Aristoteles' Theorie der Wissenschaft ist es der wissenschaftliche Beweis (*apodeixis*), der ein solches Ursachenwissen repräsentiert. Formal gesehen ist jeder Beweis ein logisch gültiger Syllogismus. Er unterscheidet sich von anderen Syllogismen aber durch die epistemische Qualität seiner Prämissen. Bei einem Beweis müssen die Prämissen wissenschaftliche Prinzipien in dem oben eingeführten Sinn sein. Und das hat u. a. zur Folge, dass sie wahr und epistemisch früher als das zu Beweisende sein müssen. Vor allem aber müssen sie in Relation zur Konklusion ursächlich bzw. erklärend sein. Ein wissenschaftlicher Beweis muss also in den Prämissen diejenigen wahren Aussagen enthalten, die die wissenschaftliche Erklärung für den in der Konklusion genannten Sachverhalt liefern. Das klingt kompliziert, wird aber durch folgende Beispiele klar: Griechen sind bekanntermaßen sterblich. Das ist ein unbestreitbares Phänomen. Wir wissen, dass es der Fall ist. Aber warum ist das so? Antwort: Weil Griechen Menschen und Menschen sterblich sind. Daraus lässt sich folgender Beweis bilden:

Obersatz: Sterblichkeit kommt allen Menschen zu.
Untersatz: Mensch-Sein kommt allen Griechen zu.
Konklusion: Sterblichkeit kommt allen Griechen zu.

Auch wenn es uns trivial erscheinen mag, so ist es wichtig hervorzuheben, dass die beiden Prämissen Definitionswissen enthalten: Man muss, um diesen Beweis zu konstruieren, vorab wissen, dass Griechen Menschen sind und dass Menschen als Lebewesen sterblich sind. Nächstes Beispiel: Wenn es donnert, hören wir ein Geräusch in den Wolken. Das ist eine Tatsache, wir wollen aber wissen, warum sich das so verhält. Wir müssen daher fragen: Warum donnert es? Oder: Warum gibt es ein Geräusch in den Wolken? Das Prinzip, das Aristoteles dahinter entdeckt zu haben meint, besteht darin, dass jedes Erlöschen von Feuer wesentlich mit einem Geräusch verbunden ist und dass der Blitz das Feuer ist, das im Fall von Donner erlischt. «Erlöschen von Feuer» ist also der Mittelbegriff, der den Donner erklären kann:

Obersatz: Geräusch kommt dem Erlöschen von Feuer zu.
Untersatz: Erlöschen von Feuer kommt den Wolken zu.
Konklusion: Geräusch kommt den Wolken zu.

7. Seiendes

Für Aristoteles enthält die Wirklichkeit viele Arten vergänglicher, wahrnehmbarer Gegenstände, aber sie enthält auch Ewiges und Nicht-Wahrnehmbares. Da es von alters her der Anspruch der Philosophie ist, die Wirklichkeit als ganze zu erfassen, muss sie sich gleichermaßen mit Vergänglichem, Unvergänglichem, Wahrnehmbarem und Nicht-Wahrnehmbarem befassen. Weil von all diesen Dingen gesagt werden kann, dass sie seiend sind, wendet sich Aristoteles in seinem Hauptwerk, der *Metaphysik*, dem Seienden zu.

Erste Prinzipien und Ursachen

Im ersten Buch seiner *Metaphysik* (Buch *Alpha*) entwickelt Aristoteles den Gedanken einer obersten Wissenschaft, die die höchste Form von Wissen überhaupt enthalten soll. Von Menschen, die ein solches höchstes Wissen haben, sage man schon immer, sie seien «weise»; also nennt Aristoteles das entsprechende Projekt zunächst «*sophia*» (Weisheit), später spricht er auch von «Erster Philosophie» in Abgrenzung zur «Zweiten Philosophie», die das Veränderliche als Veränderliches behandelt. Welche Anforderungen müsste eine solche oberste Wissenschaft erfüllen? Da es jede Wissenschaft mit den für ihren Gegenstand spezifischen Prinzipien zu tun hat, müsste es die oberste Philosophie mit den obersten Prinzipien zu tun haben. Diese oberste Wissenschaft, die sogenannte Weisheit, erhebt also den unbescheidenen Anspruch, in einem gewissen Sinn alles, die gesamte Wirklichkeit, zu erfassen.

Da Aristoteles unter einem «Prinzip» so etwas wie eine erste Ursache versteht, kommt auch für die Frage nach den obersten Prinzipien und Ursachen seine Lehre von den vier Ursachen (S. 51f.) wieder ins Spiel. Im ersten Buch der *Metaphysik* entwickelt er folgendes Argument: Letztlich strebten immer schon alle Philosophen nach Weisheit, *sophia*, und somit nach der Bestimmung der obersten Prinzipien und Ursachen. Allerdings gebe es bislang noch keine zufriedenstellende Theorie dieser obersten Ursachen – was vor allem damit zusammenhänge, dass seine Vorgänger nur ein unvollständiges Bild von den vier Ursachen hatten. Die frühesten Philosophen zum Beispiel, Gestalten wie Thales und Anaximenes, sagten, der Kosmos sei aus Wasser oder aus Luft entstanden; damit erheben sie gewissermaßen den Anspruch, dass diese Stoffe die obersten Prinzipien seien. Aristoteles nimmt nun gar nicht zu der Kontroverse Stellung, welcher dieser Stoffe grundlegender sei oder ob mehr als ein Stoff angenommen werden müsse; sein Einwand betrifft allein die Art der geltend gemachten Ursachen. Wer nur sage, woraus die Welt entstanden sei, der gebe nur die Materialursache an, erkläre aber nicht, wer oder was die amorphen Wasser- oder Luftmassen dazu veranlasst habe, sich in einer bestimmten Weise zu entwickeln, warum sich die Welt in bestimmte wiederkehrende Arten und Muster ausdifferenzierte und warum sie am Ende ihrer Entwicklung so aussieht, wie wir sie kennen. Es fehlen, mit anderen Worten, sowohl die Bewegungs- als auch die Form- und Zweckursache. Umgekehrt gebe es Leute wie Platon und die Pythagoreer, die zwar so etwas wie Formursachen der Dinge erforschen, es aber versäumen zu erklären, mittels welcher Bewegungsursache die wiederkehrenden Formen in die materiell-stoffliche Welt Eingang fänden. Außerdem scheint es, als würde sich die erste Gruppe nur mit Vergänglichem und Veränderlichem, die zweite Gruppe nur mit Abstraktem und Ewigem befassen, während sich keine dieser Gruppen mit der gesamten Wirklichkeit und schon gar niemand mit allen einschlägigen Ursachentypen befasst. Wenn daher das *sophia*-Projekt Erfolg haben soll, muss man es auf eine ganz neue methodische Grundlage stellen, und diese meint Aristoteles in der Erforschung des Seienden gefunden zu haben.

Das Seiende, insofern es ist

Das vierte Buch der *Metaphysik* (Buch *Gamma*) scheint einen Neuanfang zu markieren. Hier sagt Aristoteles, es gebe eine Wissenschaft, die das Seiende untersucht, nur insofern es ist. Da nun alles, was es gibt, und somit alle Gegenstände von Forschung und Wissenschaft, seiend ist, heißt das, dass diese Wissenschaft die gesamte Wirklichkeit untersucht, während alle anderen Wissenschaften immer nur einen Teilbereich der Wirklichkeit erforschen: die Arithmetik die Zahlen, die Zoologie die Lebewesen usw. Außerdem interessieren sich diese Einzelwissenschaften für den Teilbereich des Seienden, den sie behandeln, immer nur in einer bestimmten Hinsicht, z. B. im Hinblick darauf, dass die Dinge zählbar sind, oder im Hinblick darauf, dass sie lebendig sind, usw. Die Wissenschaft vom Seienden, insofern es ist, handelt dagegen von allen Dingen, nur insofern sie sind bzw. seiend sind. Auf den ersten Blick scheint dieser Neuanfang nur wenig mit den obersten Prinzipien und den vier Ursachenarten zu tun zu haben, von denen das erste Buch der *Metaphysik* handelte. Manche Interpreten nehmen daher an, Aristoteles habe in der Zwischenzeit das *sophia*-Projekt aufgegeben. Aber das Gegenteil ist der Fall: Aristoteles sagt nämlich auch, er wolle die obersten Ursachen des Seienden, insofern es ist, erforschen (*Metaph.* IV 1, 1003^{a}31 f.); das heißt, dass die Wissenschaft vom Seienden, insofern es ist, Aristoteles' besondere Methode für die Suche nach den obersten Prinzipien markiert: Nur indem wir die Prinzipien des Seienden untersuchen (und nicht, sagen wir, die Prinzipien der Trigonometrie oder der Ornithologie), untersuchen wir die Prinzipien und Ursachen der gesamten Wirklichkeit; und die Prinzipien der gesamten Wirklichkeit sind zugleich die obersten Prinzipien und Ursachen überhaupt.

Die Untersuchung des Seienden, insofern es ist, unterliegt nun einer besonderen Schwierigkeit, der Aristoteles wiederholt mit der Formel «Das Seiende wird auf vielfache Weise ausgesagt» (z. B. *Metaph.* 1003^{a}33) Ausdruck verleiht. Was er damit meint, kann man an Aristoteles' berühmter Kategorienlehre verdeutlichen. In seiner *Kategorienschrift* befasst sich Aristoteles mit einfachen prädikativen Aussagen nach dem Vorbild «Der Mensch sitzt» oder «Das Pferd wiehert». In solchen Aussagen beziehe sich sowohl der Subjekts- als auch der Prädikatsterm auf etwas Seiendes – jedoch sei das, worauf sich diese Terme beziehen, nicht immer in derselben Weise seiend, vielmehr gebe es insgesamt zehn oberste Klassen, Aussageweisen oder eben «Kategorien» des Seienden. Alles Seiende bezeichne nämlich entweder eine Substanz (wie z. B. Mensch, Pferd), eine Quantität (drei Ellen lang), eine Qualität (weiß), eine Relation (größer als), eine Zeit (gestern), einen Ort (auf dem Markt), eine Position oder Lage (sitzt), ein Haben (bewaffnet), ein Tun (schneidet) oder ein Leiden (wird geschnitten) (*Cat.* 4, 1^{b}25–2^{a}4).

Wenn nun seiend zu sein nach dieser Analyse in jeder Kategorie etwas anderes bedeutet (nämlich so-groß-zu-sein, so-beschaffen-zu-sein, so-positioniert-zu-sein usw.), dann gibt es keine Bedeutung von «seiend», die in gleicher Weise für alles Seiende gilt, und folglich gibt es nach Aristoteles auch keine einheitliche Gattung des Seienden. Wenn sich das so verhält, wie kann dann überhaupt das Seiende ein einheitlicher Untersuchungsgegenstand sein? Ein Teil der Antwort, die Aristoteles gibt, hat mit der Unterscheidung zwischen dem zu tun, was selbständig existiert, und demjenigen, was nur dadurch existiert, dass es die Größe, die Beschaffenheit, die Position usw. von etwas selbständig Existierendem darstellt. Das selbständig Existierende nennt er «Substanz» (*ūsia*). Die Untersuchung des Seienden vollzieht sich daher im Wesentlichen so, dass man untersucht, was es heißt, eine Substanz zu sein, und in welchen unterschiedlichen Verhältnissen anderes Seiendes zur Substanz steht. Deshalb sagt Aristoteles: «Das eine nämlich wird Seiendes genannt, weil es eine Substanz ist, das andere, weil es sich um Eigenschaften der Substanz handelt, anderes wiederum, weil es einen Weg zur Substanz darstellt oder einen Untergang oder eine Privation oder Qualitäten der Substanz ...» (*Metaph.* IV 2, 1003^{b}5–8). Die nähere Untersuchung des Seienden muss sich daher zunächst mit dem Begriff der Substanz auseinandersetzen.

Substanzen

Der griechische Ausdruck *ūsia* ist seiner Wortbildung nach mit dem Wort für «sein» (*einai*) verwandt; letztlich gibt es keine Übersetzung, die das nachahmen könnte, in der Philosophiegeschichte hat sich aber der Ausdruck «Substanz» dafür eingebürgert. Was hat es damit auf sich? In der erwähnten *Kategorienschrift* ist «Substanz» der Name für eine einzige Kategorie, in die zwei ganz unterschiedliche Dinge fallen: einerseits für die allgemeine Art und die allgemeine Gattung, die angeben, *was* eine Sache ist (z.B. «Mensch» und «Lebewesen»), andererseits für das Einzelding, das wesentlich eine solche Art instanziiert, wie z.B. ein einzelner Mensch oder ein einzelnes Pferd. Die Arten und Gattungen gehören zur Kategorie der Substanz, weil sie bezeichnen, was die Einzeldinge ihrem Wesen nach sind; die ersten und eigentlichen Substanzen sind aber solche Einzeldinge. Ein einzelner Mensch oder einzelnes Pferd sind nämlich Träger («Substrate») für alles andere, was ebenfalls «seiend» genannt wird. Wenn z. B. Nikomachos sitzt oder blass ist, dann bezeichnen sowohl «sitzend» als auch «blass» etwas Seiendes. Das Sitzen des Nikomachos existiert aber nur, weil es Nikomachos gibt und weil es sich trifft, dass er zu einem bestimmten Zeitpunkt sitzt. Das Sitzen kommt an Nikomachos vor, während Nikomachos selbst an keinem anderen Ding vorkommt und nicht nur dadurch seiend ist, dass er – wie das Sitzen und die Blässe – an etwas anderem vorkommt. In diesem Sinn ist das Substrat, Nikomachos, ontologisch selbständig, während das Sitzen und die Blässe des Nikomachos ontologisch von dem Substrat abhängig sind. Solche Eigenschaften, die einem Substrat bisweilen, aber nicht immer und nicht notwendig zukommen, nennt Aristoteles «Akzidenzien». Eine Substanz zeichnet sich u. a. dadurch aus, dass sie solche Akzidenzien verlieren und neue hinzugewinnen kann, ohne dass ihre Identität dadurch beeinträchtigt würde.

Die Art oder Spezies «Mensch», die von Nikomachos instanziiert wird, ist kein Akzidenz, weil sie angibt, was Nikomachos wesentlich ist und weil Nikomachos nicht mehr derselbe wäre bzw. nicht mehr existieren würde, wenn er kein Mensch mehr wäre. Arten und Gattungen kommen zwar nicht an einem Substrat vor, aber sie werden, wie Aristoteles sich ausdrückt, immer von einem Substrat ausgesagt. Demnach gilt auch für Arten und Gattungen, dass es sie nur gibt, weil es einzelne Substrate gibt, die sie instanziieren: ohne einzelne Menschen gäbe es keine allgemeine Art «Mensch», ohne die Arten «Mensch», «Pferd», «Schildkröte» usw. gäbe es nicht die Gattung «Lebewesen». Daher kann man allgemein sagen, dass es alles Seiende, was selbst keine Substanz ist, nur gibt, weil es Substrate gibt, an denen sie vorkommen oder von denen sie ausgesagt werden (*Cat.* 5, 2^b3–6). Und weil Einzeldinge, wie einzelne Menschen, Pferde usw., die Rolle der Substrate spielen, gelten sie als Substanzen.

Prinzipien der wahrnehmbaren Substanz

Substanzen spielen daher für Aristoteles die Rolle des grundlegend Seienden und sie sind der Grund für das Sein von allem anderen. Das ist ein wichtiger Schritt in der Untersuchung des

Seienden, insofern es ist. Wenn wir nun daran interessiert sind, die Prinzipien und Ursachen alles Seienden zu finden, dann wäre es in einem weiteren Schritt wichtig zu bestimmen, welches die Prinzipien und die Ursachen solcher Substanzen sind. Gibt es etwas, das – so wie Nikomachos der Grund für das Sein seiner Blässe war – der Grund für das Sein des einzelnen Menschen Nikomachos ist? Oder gibt es – allgemein gesagt – einen Grund für das Sein wahrnehmbarer Substanzen?

Das Hauptproblem liegt hierbei in der Vorgehensweise: Wie soll man denn die Prinzipien und Ursachen für das Sein einer Substanz wie Nikomachos untersuchen? Die Frage «Warum ist Nikomachos Nikomachos?» hilft offensichtlich wenig weiter. Es scheint, als müsste man, um auch nur die Frage nach den Ursachen des Seins von wahrnehmbaren Substanzen sinnvoll stellen zu können, auf ein Theorem zurückgreifen, das bereits aus der Behandlung von Aristoteles' *Physik* (S. 49f.) bekannt ist, nämlich das Theorem, dass alle sinnlich wahrnehmbaren, vergänglichen Dinge aus Materie und Form zusammengesetzt sind. Was z.B. wäre unter dieser Vorgabe der Grund für das Sein einer Holzhütte? Ohne das verarbeitete Holz gäbe es keine Hütte. In jedem Fall gehört daher das Holz zu den Ursachen für das Sein dieser Hütte. Allerdings erklärt der Hinweis auf das Holz noch nicht, warum dieses Holz eine Hütte ist, denn aus demselben Holz hätten ebenso gut Bänke oder Tische entstehen können. Das Holz ist daher, wie Aristoteles sagt, nur potenziell eine Hütte. Woran wir aber interessiert sind, wenn wir nach den Ursachen für das Sein der Hütte suchen, ist die Frage, warum dieses Holz da eine Hütte ist. Was macht dieses Holz da zur Hütte? Antwort: Dieses Holz da ist eine Hütte, weil es die Wesensmerkmale oder die Essenz der Hütte aufweist. Wenn nun das Wesen einer Hütte darin besteht, ein hausförmig arrangierter Schutz vor der Witterung zu sein, dann ist das Wesen des Hauses offenbar mit der durch die Zwecksetzung erforderten Anordnung oder Form identisch. Und wenn das wiederum so ist, dann ist das Holz da eine Hütte, weil es derart hausförmig arrangiert ist, dass es Schutz vor der Witterung gewährt. Das Wesen bzw. die Form einer Sache macht somit aus einem potenziellen Haus – nämlich dem ungeformten Haufen von Holzbrettern – ein aktuales Haus.

Dies ist eines der Hauptergebnisse eines insgesamt recht komplizierten Gedankengangs, der die mittleren Bücher VII & VIII der *Metaphysik* (Bücher *Zeta* und *Ēta*) beherrscht. Darin zeigt Aristoteles, dass die Form eines wahrnehmbaren Gegenstands dessen Wesen bzw. Essenz ist. Die Essenz einer Sache beinhaltet das, was ein jedes Ding an sich und notwendigerweise ist, schließt also alle akzidentellen Eigenschaften aus. Die Essenz muss definierbar sein, definierbar ist für Aristoteles nur das Wiederkehrende und Allgemeine, nicht das Individuelle. Schließlich kann auch die besondere Materie eines einzelnen Gegenstandes nicht definiert werden, da sie an sich unbestimmt und einmalig ist. Daher findet Aristoteles das definierbare Wesen in der wiederkehrenden Form eines Gegenstands, die diesem seine besondere Bestimmung verleiht und ihn zum Exemplar einer allgemeinen Art macht, so wie z. B. alle Substanzen, die die Mensch-Form aufweisen, durch diese Bestimmung zur allgemeinen Art Mensch gehören. Von diesem Wesen bzw. dieser Form sagt Aristoteles, sie sei die *ūsia*-von einer substratartigen Substanz. Wenn also die *Metaphysik* die Auffassung vertritt, dass die Form die *ūsia* sei, dann stellt das keinen Widerspruch zu der aus der *Kategorienschrift* bekannten Auffassung dar, dass Einzeldinge *ūsia* seien, weil das Wesen oder die Form die *ūsia*-von einem Einzelding ist, während das Einzelding als *ūsia* zählt, nicht weil es Wesen-einer-Sache, sondern weil es Substrat ist. Deshalb sagt Aristoteles auch, es gäbe zwei Hauptbedeutungen von *ūsia*: Zum einen nenne man alles so, was das Substrat für anderes ist, zum anderen nenne man dasjenige *ūsia*, was der Grund für das Sein eines Substrats ist (*Metaph.* V 8, 1017^b13–16).

Das hylemorphistische Modell der Substanz, das Aristoteles in den mittleren Büchern der *Metaphysik* entwirft, hat weitreichende Konsequenzen. Indem er wahrnehmbare Gegenstände als Einheiten aus Materie und Form versteht, prägt er ein Bild von materiellen Dingen, das die Philosophie durch die Jahrhunderte hindurch beschäftigt hat. Da die jeweilige Form eines Gegenstandes wesentlich für dessen Identität ist und aus einer an sich ungeformten Materie erst einen Gegenstand macht, der zu einer bestimmten Spezies gehört, kann ein solcher Gegenstand nicht nur den Wechsel akzidenteller Eigenschaften, sondern auch den kontinuierlichen Austausch seiner Materie oder die Ersetzung bestimmter materieller Teile überdauern. Außerdem ist dieses Modell folgenreich, weil es in geradezu brüsker Absetzung von Platon alles Allgemeine bzw. jede Art von Universalien aus dem Bereich der Substanz ausschließt; obwohl sich die Formen, die *ūsia*-von allen Gegenständen einer bestimmten Art sind, qualitativ nicht unterscheiden (die Mensch-Form von Nikomachos unterscheidet sich der Definition nach nicht von derjenigen des Aristoteles), handelt es sich dabei um kein Universale, um nichts, was von mehreren Einzelsubstanzen ausgesagt werden könnte. Gegenstände, die die allgemeine Spezies «Mensch» instanziieren, gibt es vielmehr nur deshalb, weil es eine Mensch-Form gibt, die Portionen geeigneter Materie zu einzelnen Menschen macht. Bei Lebewesen wird diese Form von Generation zu Generation, von Eltern zu Kindern weitergegeben («Der Mensch zeugt den Menschen»). Eltern und Kinder haben eine gleichartige oder gleichnamige Form, aber deren Form ist nur qualitativ oder spezifisch, aber nicht numerisch identisch.

In welchem Verhältnis steht das alles zu dem übergeordneten Projekt der *Metaphysik*? Die obersten Prinzipien von allem sollten durch eine Untersuchung des Seienden, insofern es ist, aufgespürt werden. Dabei zeigte sich, dass Substanzen, weil sie als Substrate fungieren, Prinzipien für alles andere Seiende sind. Daher stellte sich die Frage, ob es auch Ursachen und Prinzipien für die Substanzen selbst gibt. Es zeigte sich, dass in gewisser Weise die Materie zu den Prinzipien von Substanzen gehört; allerdings ist die Materie immer nur potenziell, der Möglichkeit nach, eine Substanz. Dagegen erwies sich die Form, weil sie das Wesen bzw. die Essenz wahrnehmbarer, vergänglicher Substanzen ist, als der Grund für das aktuale Sein einer Substanz. Man kann also sagen, dass in unterschiedlicher Weise Materie und Form die Prinzipien materieller Substanzen ausmachen. Bei dieser Aussage gilt es jedoch ein wichtiges Missverständnis zu vermeiden: Es gibt nicht die eine Form, die das Prinzip aller wahrnehmbaren Substanzen wäre; auch gibt es nicht die eine Mensch-Form, die das Prinzip aller einzelnen Menschen wäre. Vielmehr ist das, was sich jeweils wie die Form im Verhältnis zur Materie verhält, die Ursache für das aktuale Sein einer Substanz. Nicht der allgemeine Mensch zeugt einen Menschen, sondern der konkrete Mensch, z. B. Aristoteles, zeugt einen konkreten Menschen, z. B. Nikomachos.

Gibt es nicht-wahrnehmbare Substanzen?

Weite Teile des Aristotelischen Werkes befassen sich in der Tat mit veränderlichen Dingen und Lebewesen und gelten somit der Behandlung von wahrnehmbaren, vergänglichen Substanzen. Dennoch hat Aristoteles ein ernsthaftes Interesse an der Existenz nicht-wahrnehmbarer, ewiger Substanzen – und zwar aus folgendem Grund: Wenn es solche nicht-wahrnehmbaren Substanzen gäbe, dann würden die Prinzipien der wahrnehmbaren Substanzen nur einen Teil des Seienden, nicht aber alles Seiende erklären. Folglich bliebe die Suche nach den ersten und obersten Prinzipien, um die es in Aristoteles' *Metaphysik* geht, unvollständig.

Die Frage ist natürlich, wo man nach solchen nicht-wahrnehmbaren, ewigen Substanzen suchen könnte. Handelt es sich vielleicht bei den Zahlen und allen anderen Gegenständen der Mathematik um solche nicht-wahrnehmbaren Substanzen? Auf den ersten Blick spricht einiges dafür: Zahlen z. B. kann man nicht wahrnehmen; und dennoch sind sie irgendwie da, denn wir können ja mit ihnen rechnen. Zahlen entstehen und vergehen nicht, also scheinen sie ewig zu existieren. Ähnlich verhält es sich mit den Formen der Geometrie: Die Art von Kreis, auf die alle Gesetze der Geometrie exakt zutreffen, kann weder im gezeichneten Kreis noch im kreisrunden Fingerring angetroffen werden, sondern scheint eher so etwas wie ein idealer Ring im Geist des Geometers zu sein. Dennoch denkt Aristoteles nicht, dass es sich bei den Gegenständen der Mathematik um nicht-wahrnehmbare, ewige Substanzen handelt. Sie können nämlich gar keine Substanzen sein, weil sie nicht selbständig existieren.

Vielmehr kommen geometrische Figuren nach Aristoteles immer an sinnlich wahrnehmbaren Gegenständen vor. Wer Geometrie betreibt, betrachtet sinnlich wahrnehmbare Gegenstände unter einem bestimmten Aspekt, nämlich insofern sie geometrische Eigenschaften aufweisen – z. B. insofern sie Körper sind oder Flächen aufweisen –, und sieht dabei von allen anderen Eigenschaften (ob z. B. der Körper bewegt ist oder ob das Kreisförmige aus Gold besteht) ab (*Metaph.* XIII 3). Geometrische Objekte sind in diesem Sinn ein Produkt der Abstraktion und keine selbständig existierenden Substanzen.

Wo könnte man sonst noch nach nicht-wahrnehmbaren, ewigen Substanzen suchen? Bisweilen werden Universalien, d. h. allgemeine Eigenschaften, Relationen und Arten, wie ewig existierende Dinge behandelt. Das gilt vor allem für Platons Konzeption der Universalien, die er «Ideen» nennt. Eine Idee ist nach Platon das, was mehreren Dingen gemeinsam ist: Wenn Sokrates und Kallias zwei konkrete, vergängliche Menschen sind, dann gibt es etwas, was beiden gemeinsam ist und was selbst nicht vergeht, nämlich das Mensch-Sein oder die Idee des Menschen. Während Sokrates und Kallias sinnlich wahrnehmbar sind, ist die allgemeine Idee des Menschen nicht durch die Sinne, sondern nur durch den Intellekt erfassbar. Jeder einzelne Mensch hat nach Platon an der allgemeinen Idee des Menschen teil und verdankt gewissermaßen sein Mensch-Sein der Teilhabe an der Idee des Menschen. Selbständig existieren für Platon daher nicht einzelne Dinge, wie Sokrates und Kallias, sondern Ideen. Diese Platonische Ideenlehre wird von Aristoteles einer eingehenden Kritik unterzogen (*Metaph.* I 6 und 9, XIII–XIV). Zwei Kritikpunkte sind zentral: Erstens müssen nach Aristoteles alle Universalien an einzelnen Substanzen vorkommen. Wenn es keinen einzelnen Menschen gäbe, dann würde es auch kein Universale «Mensch» geben. Wie wir gesehen haben, denkt auch Aristoteles, dass Universalien eine zentrale Rolle bei der Erkenntnis und den wissenschaftlichen Beweisen spielen, aber sie existieren eben nicht selbständig und sind daher keine Substanzen. Zweitens sollen die Ideen nach Platon erklären, warum einzelne Dinge eine bestimmte Form aufweisen, warum z. B. Sokrates die Mensch-Form aufweist. Wie sollte das funktionieren, fragt Aristoteles, wenn die Mensch-Idee nach Platon neben oder über den sinnlich wahrnehmbaren Dingen existieren soll? Etwas Abstraktes, so Aristoteles, kann keinen Einfluss auf die veränderliche Welt haben; die Idee eines Diskuswerfers kann keinen Diskus durchs Stadion schleudern.

Zahlen, Universalien, Ideen sind daher für Aristoteles keine nicht-wahrnehmbaren, ewigen Substanzen. Dennoch denkt er, dass die Wirklichkeit sowohl ewige als auch nicht-wahrnehmbare Substanzen enthalten muss (S. 75).

8. Die Himmelsbeweger

Nach einer zu Beginn des XII. Buches (*Lambda*) der *Metaphysik* getroffenen Unterscheidung gehört zur Erforschung der Prinzipien des Seienden mehr als nur die Untersuchung der Prinzipien von Substanzen (*ūsiai*), die aus Form und Materie zusammengesetzt und vergänglich sind. Es muss auch geprüft werden, ob es Substanzen gibt, die zwar sinnlich wahrnehmbar und veränderlich, aber nicht vergänglich sind, und ob es zudem womöglich Substanzen gibt, die intelligibel und weder vergänglich noch veränderlich sind (*Lambda* 1, 1069a30–38):

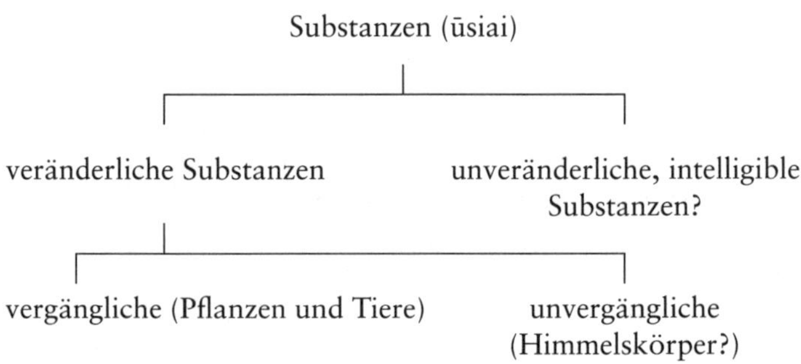

Weder die Ewigkeit der sinnlich wahrnehmbaren und bewegten Himmelskörper noch gar die Existenz intelligibler, unvergänglicher und unveränderlicher Substanzen ist durch bloße Empirie zu verifizieren. Deshalb muss beides, wenn möglich, argumentativ etabliert werden. Damit ist die Systemstelle bezeichnet, die innerhalb der *Metaphysik* der Theorie von den unbewegten Bewegern der Himmelskörper zukommt. Aristoteles skizziert die Theorie stichwortartig im zweiten Teil von Buch *Lambda*; sie ist unter Zuhilfenahme von *Physik* VIII und weiteren Texten zu rekonstruieren.

Die Himmelssphären

Aristoteles schließt von der Ewigkeit der Zeit auf die Existenz mindestens einer ewigen Kreisbewegung, und von dieser, unter Zuhilfenahme astronomischer Theoreme, auf die Ewigkeit des Fixsternhimmels und der ihm nachgeordneten inneren Himmelssphären.

Die Ewigkeit der Zeit (Phys. VIII 1, 251^{b}19–28). Zeit ist nur in der Weise unserer Erfahrung zugänglich, dass man einen «Jetzt-Punkt» (griechisch: *nyn*) herausgreift. Jeder «Jetzt-Punkt» aber ist zugleich Anfangspunkt der jeweiligen Zukunft und Endpunkt der jeweiligen Vergangenheit. Wenn man nun einen beliebigen Zeitpunkt als den absolut ersten oder als den absolut letzten annehmen wollte, dann würde sowohl der vermeintliche Anfangspunkt als auch der vermeintliche Endpunkt jeweils einer unter den «Jetzt-Punkten» sein, und damit – nach Voraussetzung – Anfangspunkt der jeweiligen Zukunft und Endpunkt der jeweiligen Vergangenheit: Zu beiden Seiten des vermeintlichen Anfangspunktes wie des vermeintlichen Endpunktes würde eine Ewigkeit liegen. Also ist die Zeit ewig.

Die Ewigkeit mindestens einer bestimmten kontinuierlichen Bewegung (Lambda 6, 1071^{b}9–10). Die Zeit ist entweder selbst eine Bewegung oder ein Attribut (*pathos*) von Bewegung. Im ersten Fall ist die Zeit selbst eine einzige kontinuierliche ewige

Bewegung. Im zweiten Fall ist die Zeit der Bewegung ontologisch nachgeordnet und von ihr abhängig; nun ist aber die Zeit kontinuierlich (*synechēs*) und kann deshalb nicht abhängig von einem Träger sein, der hinsichtlich der Kontinuität hinter ihr zurückbliebe. Also kann es sich bei derjenigen ewigen Bewegung, deren Attribut die Zeit ist, nur um eine ganz bestimmte, einzelne Bewegung handeln, die nicht nur ewig, sondern auch kontinuierlich ist. In beiden Fällen gilt, dass die ewige Bewegung genauso kontinuierlich ist wie die ewige Zeit selbst.

Die ewige Bewegung als Kreisbewegung (Lambda 6, 1071^{b}10–11). Die fragliche Bewegung muss eine Ortsbewegung sein, da unter den von Aristoteles unterschiedenen Bewegungsarten (Werden und Vergehen, qualitative Veränderung, quantitative Veränderung, Ortsbewegung) nur die Ortsbewegung kontinuierlich und ewig sein kann. Diese Ortsbewegung muss überdies eine Kreisbewegung (oder aus Kreisbewegungen zusammengesetzt) sein, da nur eine solche Bewegung in dem von Aristoteles angenommenen *endlichen Kosmos* zugleich ewig und kontinuierlich sein kann, während eine gradlinige ewige Bewegung nur als ewiges Hin und Her realisierbar sein würde, d.h. mit regelmäßigem Kontinuitätsbruch.

Substanzielle Träger ewiger Kreisbewegungen. Bewegung ist ein unselbständig Seiendes, das nur als Attribut an einer Substanz (*ūsia*) vorkommen kann. Wenn aber etwas Nicht-Substanzielles unvergänglich ist, dann muss es dafür auch einen unvergänglichen substanziellen Träger geben; denn wenn alle individuellen Substanzen vergänglich wären, dann müssten alle ihre Attribute mit ihnen vergehen (*Lambda* 6, 1071^{b}5–6). Substanzielle Träger einer ewigen Kreisbewegung müssen einerseits – da bewegt – veränderlich, andererseits unvergänglich sein; sie entsprechen deshalb der ersten der beiden noch nachzuweisenden Arten von Substanz.

Astronomische Evidenzen und ihre geozentrische Deutung. Bei der Ermittlung der veränderlichen, aber unvergänglichen Substanzen geht Aristoteles von der traditionellen Voraussetzung aus, dass die Erde sich unbewegt im Zentrum des Universums befindet; demnach ist die allnächtlich zu beobachtende Umdrehung des Sternenhimmels relativ zur Erde darauf zurückzuführen, dass eine gigantische Hohlkugel, an deren Innenseite die Sterne *befestigt* sind (deshalb «Fixsterne» von lateinisch: *figere*), gleichmäßig um die Erde herum rotiert. Der Fixsternhimmel ist mithin ein erster substanzieller Träger einer kosmischen Kreisbewegung. Aristoteles ergänzt dieses Ergebnis aufgrund der von den zeitgenössischen Astronomen Eudoxos und Kallippos entwickelten Theorie der Planetenbewegung. Nach dieser Theorie sind auch die komplexeren Bewegungen, die Saturn, Jupiter, Mars, Sonne, Venus, Merkur und Mond relativ zur Erde ausführen, auf Kreisbewegungen zurückzuführen, indem man sie jeweils aus einer Kombination der primären Kreisbewegung des Fixsternhimmels mit je eigenen weiteren Kreisbewegungen resultieren lässt; dabei wird als Träger jeder Kreisbewegung je eine eigene Kugelschale (Sphäre) angenommen. Im Ergebnis kam Eudoxos auf 26 und Kallippos auf 33 Sphären. Aristoteles selbst fügte, um einen durchgängigen Bewegungszusammenhang von Fixsternhimmel zu Mondsphäre zu etablieren, noch zusätzliche Sphären ein, die die Sonderbewegungen des jeweils nächstäußeren Planeten wieder rückgängig machen; so kam er für das Eudoxos-System auf 49 und für das von ihm präferierte Kallippos-System auf 55 Sphären. Sie alle sind substanzielle Träger konstanter kosmischer Kreisbewegungen.

Damit ist die Ewigkeit der Himmelssphären und ihrer jeweiligen Kreisbewegungen noch nicht erwiesen. Doch da Aristoteles unabhängig von den astronomischen Beobachtungen bereits etabliert hatte, dass die Ewigkeit der Zeit eine ewige und kontinuierliche Kreisbewegung und diese ihrerseits einen unvergänglichen substanziellen Träger impliziert, lag es für ihn wohl auf der Hand, den gesuchten substanziellen Träger der primären, durch die Ewigkeit der Zeit garantierten ewigen Kreisbewegung mit dem rotierenden Fixsternhimmel zu identifizieren, und die ihm nachgeordneten Sphären ebenfalls als ewige bewegte Substanzen zu betrachten.

Die unbewegten Beweger der Himmelssphären

Ewig wirksame Beweger. Nach Aristoteles gibt es keine Veränderung ohne Ursache. Die Ursachen der ewigen, kontinuierlichen Kreisbewegungen der Himmelssphären müssen – im Gegensatz zu Platons «Ideen» – jeweils ein Prinzip der Bewegung enthalten, d.h. Beweger sein. Ferner kann eine Bewegung nach der Aristotelischen Theorie der Bewegung nur so lange anhalten, wie die Ursache dieser Bewegung wirksam ist. Also müssen die Beweger des Fixsternhimmels bzw. der ihm nachgeordneten Sphären sich stets im Modus der Aktualität (griechisch: *energeia*, wörtlich: «Wirksamkeit») befinden; andernfalls würde die Himmelsbewegung sogleich unterbrochen.

Aktualität (energeia) als das Wesen der ewigen Beweger. Aristoteles hält die ewigen Beweger jeweils für etwas Einfaches, bei dem keine interne Differenzierung zwischen aktualen und potenziellen Komponenten stattfindet: Das «Wesen» (*ūsia*) der ewigen Beweger kann nur entweder Aktualität oder Potenzialität (griechisch: *dynamis*, Möglichkeit) sein. Verbindet man diese Alternative mit den beiden weiteren Prämissen, denen zufolge (i) Potenzielles möglicherweise auch nicht sein kann und (ii) das möglicherweise Nichtseiende irgendwann einmal auch tatsächlich nicht sein wird, dann folgt, dass das Wesen der ewigen Beweger Aktualität (*energeia*) sein muss (*Lambda* 6, $1071^{b}19$–20), d.h., dass sie von jeglicher Potenzialität frei sind.

Die Unbewegtheit der ewigen Beweger. Aus der Freiheit der ewigen Beweger von Potenzialität ergibt sich, in Verbindung mit der allgemeinen Bestimmung von Veränderung als Übergang von einer Potenzialität zu einer Aktualität, dass sie von jeglicher Veränderung, d.h. von allen vier Veränderungsarten ausgeschlossen sind, vom Werden und Vergehen ebenso wie von qualitativer Veränderung, quantitativer Veränderung und Ortsbewegung: Sie können in keiner Hinsicht etwas anderes werden, als sie sind (*Lambda* 7, $1072^{b}7$–8), mithin sind sie unbewegt.

Die Immaterialität der ewigen Beweger. Materie ist das, was in irgendeiner Hinsicht anders werden kann, als es ist. Zwar ist nicht alles Materielle auch vergänglich; so sind die Himmelskörper unvergänglich und bestehen gleichwohl aus einer bestimmten Materie, deren Potenzialität freilich auf die Ortsveränderung beschränkt ist. Aber wo gar keine Potenzialität vorhanden ist, kann es auch keine Materie geben. Also müssen «diese *ūsiai*», d.h. die ewigen Beweger, immateriell sein (*Lambda* 6, 1071ᵇ20–21).

Die unbewegten Beweger als Finalursachen

Die unbewegten Beweger als jeweils erstes Glied der Kausalkette. Bei der kausalen Analyse der Selbstbewegung unterscheidet Aristoteles allgemein drei Momente: Am Ende der Kausalkette steht das, was zwar bewegt wird, selbst aber nichts bewegt; in der Mitte steht etwas, das sowohl anderes bewegt als auch selbst bewegt wird; am Anfang steht etwas, das zwar anderes bewegt, selbst aber unbewegt ist. Bei der Bewegung der Himmelssphären können deren unbewegte Beweger jeweils nur am *Anfang* der betreffenden Kausalkette stehen (*Lambda* 7, 1072ᵃ24–26).

Die erste Ursache der Selbstbewegung als Finalursache. Bei den Selbstbewegungen der Lebewesen ist das erste Glied der Kausalkette ein Objekt des Strebens, also eine Finalursache (*Mot. An.* 6, 700ᵇ23–24): Ohne selbst in Bewegung zu sein, löst das Objekt des Strebens Bewegungen derer aus, die es erstreben. Dies gilt nach Aristoteles auch für die Bewegung des Fixsternhimmels (*Mot. An.* 6, 700ᵇ29–32) und ist sinngemäß auf die unbewegten Beweger der nachgeordneten Sphären zu übertragen: Jeder von ihnen «bewegt, wie ein Geliebtes» (*Lambda* 7, 1072ᵇ3).

Die unbewegten Beweger als Objekte des Strebens. Wie Aristoteles in der Ethik das höchste Glück (*teleia eudaimonia*) des Menschen in der Betätigung des theoretischen Denkvermögens (*theoretikē energeia*) sieht (*EN* X 8, 1078[b]7–8), so betrachtet er die unbewegten Beweger deshalb als schlechthin höchstes Objekt des Strebens, weil sie in Ewigkeit die göttliche Lebensform verwirklichen, die dem Menschen allenfalls für kurze Augenblicke vergönnt ist: die theoretische Lebensform. Sie sind ganz Geist (*nūs*) und, mehr noch: Sie denken fortwährend das bestmögliche Objekt, nämlich die Vernunfttätigkeit bzw. sich selbst. Ihr Denken ist Denken des Denkens (*Lambda* 9, 1074[b]34–35: *noēsis noēseōs noēsis*).

Die ewigen Kreisbewegungen als Imitation des jeweiligen unbewegten Bewegers. Zwischen der finalen Verursachung der endlichen Selbstbewegungen sterblicher Lebewesen einerseits und der finalen Verursachung ewiger kosmischer Kreisbewegung andererseits macht Aristoteles einen grundsätzlichen Unterschied (*Mot. An.* 6, 700[b]29–32). Die Finalursache für die endliche Selbstbewegung eines sterblichen Lebewesens ist stets ein erreichbares Gut (*prakton agathon*): Mit der Aneignung dieses Gutes ist die dadurch final verursachte Selbstbewegung an ihr Ende (*peras*) gekommen. Demgegenüber kann das Ziel einer ewigen Bewegung nicht in der Aneignung, sondern nur in der Imitation ihrer Finalursache bestehen. Explizit ausgeführt hat Aristoteles dies in Bezug auf die immerwährende Transformation der vier sublunaren einfachen Körper, d.h. der sogenannten Elemente, ineinander (*Gener. Corr.* II 10, 337[a]1–6): Wenn z.B. aus Wasser Luft wird, aus Luft Feuer, aus Feuer wiederum Wasser, dann imitieren die einfachen Körper die Kreisbewegungen der Himmelssphären. In vergleichbarer Weise betrachtet Aristoteles das ewige Werden des Lebens als höchstmöglichen Grad der Annäherung an das ewige Sein der unvergänglichen Substanzen (*Gener. Corr.* II 10, 336[b]26–34). In diesem Sinne ist die ewige Kreisbewegung der Himmelssphären als Imitation der ewigen *energeia* ihres jeweiligen unbewegten Bewegers zu fassen.

Der Primat des ersten unbewegten Bewegers. Der erste unbewegte Beweger ist die Ursache der primären Kreisbewegung des Fixsternhimmels, an der in lückenlosem Kausalzusammenhang alle weiter innen gelegenen Sphären teilhaben, unbeschadet der selbständigen Zusatzwirkungen ihrer eigenen unbewegten Beweger. Den Primat des ersten unbewegten Bewegers vergleicht Aristoteles mehrfach mit der Oberherrschaft des Zeus im homerischen Polytheismus (*Lambda* 10; *Mot. An.* 4). Die Allmacht des Schöpfergottes im Monotheismus ist hingegen von anderer Art.

9. Körper und Seele

Zurück zu den vergänglichen Substanzen! Diese können unbelebt oder belebt sein. Belebte Dinge – Pflanzen, Tiere und Menschen – sind für Aristoteles die paradigmatischen Substanzen. Sie sind das Untersuchungsobjekt seiner zoologisch-biologischen Schriften, stellen indirekt aber auch den Gegenstand derjenigen Werke dar, die das Lebendig-Sein und die damit verbundenen Vermögen selbst untersuchen. Hierzu zählen vor allem die Schrift *De anima* sowie die Textsammlung *Parva Naturalia*.

Seele und Lebendig-Sein

Der Begriff der Seele wird von modernen Lesern oft als besonders problematisch empfunden; man assoziiert die Seele mit einer rein geistigen, vom Körper abgetrennten Instanz oder sogar mit der Frage des Weiterlebens der Seele nach dem Tod. Oft ist der Begriff daher mit religiösen Vorstellungen besetzt; es gibt aber auch eine philosophische Tradition, die die Seele wie etwas vom Körper Losgelöstes behandelt, und Aristoteles' Lehrer Platon ist eine der Quellen dieser Tradition. Bei Aristoteles selbst hingegen gehört die Untersuchung der Seele zur Naturphilosophie. Er setzt das Beseelt-Sein mit dem Lebendig-Sein gleich. Eine Seele zu haben heißt bei ihm nichts anderes, als über die mit dem Lebendig-Sein verbundenen Fähigkeiten zu verfügen – und diese beinhalten sowohl die vitalen Funktionen, wie Ernährung und Fortpflanzung, als auch Wahrnehmung, Empfindung, Streben und Denken. Aristoteles' Begriff des Beseelt-Seins ist also viel weiter als der Begriff des Geistigen und auch weiter als der moderne Begriff des Mentalen. Wenn das Beseelt-Sein mit den für das Lebendig-Sein konstitutiven Fähigkeiten zusammenfällt, dann hat dieser Begriff in dieser Hinsicht nichts Spekulatives oder Problematisches an sich. Das Beseelte und das Unbeseelte sind durch das Lebendig-Sein unterschieden (*An.* II 1, 413^{a}20–22), und daher ist klar, dass sich Aristoteles bei seiner Untersuchung nicht nur, wie es viele seiner Vorgänger taten, auf die menschliche Seele beschränken kann: Vielmehr findet sich die Seele bei allem Lebendigen.

Nicht allen lebendigen Wesen kommen aber dieselben Fähigkeiten zu. Pflanzen haben die Fähigkeit, Nahrung aufzunehmen und dadurch zu wachsen; sie verfügen daher über die Ernährungsseele und sind lebendig (*An.* II 3, 414^{a}32f.), jedoch sind sie nach Aristoteles' Taxonomie keine *zōa* – keine Lebewesen (worunter nur Tiere und Menschen fallen). Lebewesen verfügen zusätzlich zur Ernährungsseele auch noch über die Wahrnehmungsseele (*Sens.* 1, 436^{b}10f.). Wo Wahrnehmung ist, da ist auch Empfindung von Lust und Schmerz, und wo eine solche ist, da ist auch ein Strebevermögen (*An.* 414^{b}1–2), nämlich die Fähigkeit, nach Gutem oder Angenehmem zu streben und Schlechtes oder Schmerzliches zu vermeiden. Wenn ein Lebewesen nach etwas strebt, was ihm gut oder angenehm erscheint, dann muss es sich in der Regel in Bewegung setzen, um das Erstrebte zu erreichen, so dass das Streben aufs Engste mit der Ortsbewegung verbunden ist. Wo Wahrnehmung ist, da ist also die Fähigkeit zur Ortsbewegung, was nicht ausschließt, dass es einzelne stationäre Tierarten, wie z.B. die Schwämme (*Hist. An.* I 1, 487^{b}9–11), gibt. Schließlich gibt es noch das Denkvermögen, das von allen Lebewesen allein dem Menschen zukomme. Das Denken nimmt in Aristoteles' Behandlung der Seele insofern eine Sonderrolle ein, als diesem Vermögen allein eine gewisse Unabhängigkeit vom Körper und seinen Organen zugebilligt wird.

Die Rede von verschiedenen Seelen – der Ernährungs-, Wahrnehmungs-, Bewegungs- und Denkseele – oder von entsprechenden Teilen der Seele soll jedoch nicht den Anschein erwecken, dass ein einzelnes Lebewesen über mehrere Seelen oder über abtrennbare Teile der Seele verfügt. Aristoteles bemüht sich vielmehr, deutlich zu machen, dass z. B. die Wahrnehmungsseele die Ernährungsseele voraussetzt und diese in einem lebendigen Wesen, das über beide Fähigkeiten verfügt, eine Einheit bilden. Ebenso könne beim Menschen die Denkseele nicht ohne die Wahrnehmungsseele sein, so dass der Mensch über eine einzige Seele verfügt, die alle anderen seelischen Fähigkeiten voraussetzt und einschließt. Aristoteles vergleicht die Rolle der Ernährungsseele mit einem Dreieck, das in allen folgenden geometrischen Figuren (dem Quadrat, dem Fünfeck usw.) enthalten sei (*An.* II 3, 414^{b}21 f.).

Die Seele als Form eines natürlichen Körpers

Für die ontologische Einordnung der Seele greift Aristoteles auf seine Überlegungen zur wahrnehmbaren Substanz zurück (S. 64ff.). Dort hatte er ausführlich erörtert, in welchem Sinn die Form (*eidos*) als Grund für das aktuale Sein einer wahrnehmbaren Substanz anzusehen ist. In *De anima* bestimmt Aristoteles nun die Seele als «Form (*eidos*) eines natürlichen Körpers, der der Möglichkeit nach Leben hat» (*An.* II 1, 412^{a}19–21). Damit sei ein «organischer», d. h. werkzeughafter Körper gemeint, also ein Körper, der so strukturiert ist, dass er die mit dem Belebt- oder Beseelt-Sein verbundenen Funktionen ausführen kann. Die Seele ist also genau das, was einen dafür geeigneten Körper zu einem Lebewesen macht; da die Form mit der Essenz und der *ūsia*-von gleichgesetzt wurde, kann man also auch sagen, dass es die Essenz bzw. das Wesen eines Lebewesens ist, die für eine bestimmte Art typischen Fähigkeiten und Funktionen auszuüben oder auf die für diese Art typische Weise lebendig zu sein. Zu sein oder zu existieren bedeutet für ein Lebewesen immer lebendig zu sein (*An.* II 4, 415^{b}13). Und der Grund dieses Lebendig-Seins ist die Seele.

In einem zweiten Schritt präzisiert Aristoteles die Definition der Seele wie folgt: Die Seele sei die erste Wirklichkeit oder Aktualität (*entelecheia*) eines solchen Körpers (*An.* II 1, 412ᵃ22–28). Zunächst sei klar, dass die Seele eine Aktualität ist, denn die wesentliche Form ist die *ūsia*-von einem Gegenstand und die *ūsia*-von kennzeichne immer das aktuale Sein einer wahrnehmbaren Substanz. «Aktualität» werde nun aber in zweifachem Sinn ausgesagt. Wer z. B. Wissen erworben hat, hat damit eine entsprechende Fähigkeit aktualisiert; wer nun aber dieses Wissen auch gebraucht, der aktualisiert das schon vorhandene Wissen. Da nun ein beseeltes Lebewesen die (meisten) für das Leben typischen Funktionen sowohl besitzen als auch ausüben und sowohl schlafen als auch wachen kann, gleiche das Beseelt-Sein eher dem, der Wissen hat, aber es nicht gebraucht, als dem, der es tatsächlich gebraucht. In diesem Sinn sei die Seele erste und nicht zweite Aktualität eines solchen Körpers.

Diese Deutung der Seele hat nun äußerst wichtige philosophische Konsequenzen. Es ist klar, dass die so verstandene Seele nicht vom Körper abtrennbar ist: Die Seele ist die Form und die Aktualität eines natürlichen Körpers und verleiht diesem bestimmte Fähigkeiten und Funktionen, die sie aber nur in Verbindung mit diesem Körper ausüben kann. Man dürfe daher gar nicht fragen, ob die Seele und der Körper eines seien oder nicht, wie man ja auch nicht frage, ob das Wachs und die Gestalt, in die es gegossen wurde, eines sind oder nicht (*An.* II 1, 412ᵇ6–9). Mit seiner Bestimmung wendet sich Aristoteles zugleich auch gegen Philosophen, die meinen, die Seele sei selbst ein Körper, indem sie etwa die Seele durch die Mischung bestimmter Elemente zu erklären versuchen: Es verhalte sich nämlich nicht so, dass die Seele, wenn sie in irgendeinen Körper eingefügt wird, all die vitalen und kognitiven Fähigkeiten bewirke, vielmehr bewirke sie das nur in einem Körper von einer ganz bestimmten Beschaffenheit. Für Aristoteles ist die Seele nicht selbst ein Körper, sondern die Form-, Final- und Bewegungsursache, die einen potenziell belebten Körper zu einem aktual existierenden Lebewesen macht, weshalb er auch großen Wert auf die Feststellung legt, dass die Seele die Form eines auf ganz bestimmte Weise beschaffenen Körpers sei. Insofern macht Aristoteles' Bestimmung der Seele konsequent von seinem Hylemorphismus und von seiner Theorie wahrnehmbarer Substanzen Gebrauch.

Da dieser hylemorphistische Ansatz die Seele weder als eigenständige und abtrennbare Entität noch als Körper behandelt, hat man diesen Ansatz oft als mittleren Weg zwischen Leib-Seele-Dualismus auf der einen und Formen des Materialismus oder Reduktionismus auf der anderen Seite betrachtet. Bisweilen werden sogar Ähnlichkeiten mit modernen Theorieansätzen zum Leib-Seele-Problem, wie z. B. mit der Position des Funktionalismus, geltend gemacht.

Vor diesem Hintergrund haben viele Interpreten Schwierigkeiten damit anzuerkennen, dass Aristoteles in manchen Schriften – wenn auch nicht in *De anima* selbst – nach dem Ort der Seele innerhalb des Körpers fragt. Diese Frage scheint vor allem in der Schriftengruppe *Parva Naturalia* sowie in *De motu animalium* aufzutauchen, und Aristoteles beantwortet sie im Hinblick auf unterschiedliche seelische Funktionen – die Ernährungs-, Wahrnehmungs- und Bewegungsfunktion – jeweils dahingehend, dass die Seele ihren Sitz in der Mitte des Körpers und näherhin im Herzen oder dem Herzen analogen Teil haben muss. Damit positioniert sich Aristoteles als Kardiozentrist im Unterschied zu den Kephalozentrikern, die die Seele eher im Kopf oder Gehirn ansiedeln wollen. Einige der Interpreten, die die Vereinbarkeit des Kardiozentrismus mit Aristoteles' hylemorphistischer Seelentheorie bezweifeln, versuchen die vermeintliche Spannung damit zu erklären, dass die Schriften mit kardiozentrischen Thesen früh, die ohne solche Thesen spät entstanden seien. Gegen solche Auswege spricht jedoch, dass es auch Stellen gibt, die in einem Atemzug die Seele als Form bezeichnen und sie bevorzugt mit bestimmten Teilen des Körpers in Verbindung bringen (*Metaph.* VII 10, $1035^{b}25$–27). Für Aristoteles scheint daher die Auffassung, dass die Seele z. B. den Körper nur dann in Bewegung setzen kann, wenn sie das von einem – beseelten – Teil des Körpers aus tut, durchaus mit seinem Hylemorphismus vereinbar zu sein.

Wahrnehmen, Vorstellen, Erinnern

Aristoteles hält sich in seinen Studien zur Seele nicht sehr lange bei der allgemeinen Bestimmung der Seele auf; viel größeren Wert legt er auf die Behandlung der einzelnen Fähigkeiten, die das Beseelt-Sein und Lebendig-Sein ausmachen. Dabei widmet er sich besonders eingehend dem Wahrnehmungsvermögen und dem Sinnesapparat (*An.* II 5–12, III 1–3 und *Sens.*).

Grundlegend sind die fünf Einzelsinne: Tasten, Schmecken, Riechen, Hören und Sehen. Die beiden ersten Sinne reagieren auf unmittelbaren Kontakt, die letzten drei sind Distanzsinne und erfordern ein Medium, wie z. B. Luft oder Wasser, zwischen dem Wahrnehmenden und dem Wahrgenommenen. Allen Lebewesen gemeinsam sind der Tast- und der Geschmackssinn; sie sind für die Ernährung und die Unterscheidung bekömmlicher und unbekömmlicher Nahrung erforderlich. Von den Distanzsinnen offenbart das Sehen die meisten Unterschiede, was eine wichtige Voraussetzung für die Entwicklung höherer kognitiver Fähigkeiten darstellt. Für Lebewesen mit Sprache ist außerdem das Gehör ein auf das Lernen bezogener Sinn (*Sens.* 1, 437^{a}11–17). Alle diese Sinne reagieren auf ganz spezifische Qualitäten, die sich jeweils durch ein Paar konträrer Qualitäten beschreiben lassen. Für das Sehen ist das schwarz-weiß, für das Hören hoch-tief, für das Riechen bitter-süßer Geruch, für den Geschmack bitter-süßer Geschmack; nur das Tasten reagiert auf mehrere Qualitäten, wie z. B. warm-kalt, trocken-feucht, hart-weich. Die Funktionsweise der einzelnen Sinne kann daher als Einwirkung der wahrgenommenen Qualität auf den entsprechenden Sinn – entweder direkt oder durch ein Medium – erklärt werden.

Die Sinnesorgane sind physiologisch so beschaffen, dass sie potenziell so sind, wie die wahrnehmbaren Qualitäten aktual sind. Deshalb erleiden sie jeweils nur durch die für sie spezifische Qualität etwas, indem sie im Zuge der Wahrnehmung dem je Wahrgenommenen ähnlich werden (*An.* II 5, 418^{a}3 f.) oder, wie Aristoteles auch sagt, die wahrgenommene Form ohne Materie aufnehmen (*An.* II 12, 424^{a}17 ff.). Was er genau mit letzterer Beschreibung ausdrücken will, ist umstritten. Klarerweise möchte er ausschließen, dass auch die Materie des Wahrgenommenen in den Sinn gelangt. Aber will er darüber hinaus auch noch behaupten, dass im Sinnesorgan gar keine materielle, sondern nur eine perzeptive Veränderung stattfindet? Oder bezieht sich die materielle Veränderung nur auf das Sinnesorgan, während der Sinn – im Sinne eines seelischen Vermögens – dadurch nur aktiviert, aber nicht verändert wird? In jedem Fall scheint auf der Ebene der Einzelsinne der Sinnesgehalt vollständig durch den wahrgenommenen Gegenstand bestimmt zu sein. Wenn nämlich z.B. der Gesichtssinn nur auf Qualitäten der Skala schwarz-weiß reagiert und sich die durchsichtige Materie im Innern des Auges unter dem Einfluss eines wahrgenommenen weißen Gegenstandes dem Wahrgenommenen angleicht, also weiß wird, dann ist es ausgeschlossen, dass auf dieser Stufe Irrtum oder Täuschung stattfindet.

Nun kann man die vielfachen Fähigkeiten der Tiere, die nur über Wahrnehmung, aber nicht über Denken verfügen, nicht allein mit den Leistungen der Einzelsinne erklären. Aristoteles reichert daher den Wahrnehmungsapparat insgesamt mit weiteren Fähigkeiten an, ohne dafür aber weitere Sinne fordern zu müssen. So nehmen die Einzelsinne, wenn sie ihre spezifischen Gegenstände, wie Weißes oder Bitteres, wahrnehmen, nebenbei auch noch wahr, ob das Weiße bewegt oder in Ruhe ist, oder ob es groß oder klein ist. Außerdem nehmen Lebewesen wahr, dass sie gerade wahrnehmen (*An.* III 2). Vor allem aber haben Lebewesen in unterschiedlichem Maße die Fähigkeit, Wahrnehmungsgehalte zurückzubehalten und sie auch ohne entsprechenden äußeren Gegenstand wieder abzurufen. Diese Fähigkeit nennt Aristoteles *phantasia*, die aus der Wahrnehmung gebildeten Vorstellungsgehalte *phantasmata* (*An.* III 3). Im Unterschied zur direkten Wahrnehmung können *phantasmata* falsch sein, etwa indem sie verschiedene Gehalte miteinander kombinieren oder indem *phantasmata* physiologisch durch Einflüsse wie Fieber und Alkohol verfälscht werden. In jedem Fall ist *phantasia* in das Zustandekommen von Träumen involviert (*Insomn.*) und ist die Voraussetzung für das Gedächtnis und das Erinnerungsvermögen (*Mem.*), was wiederum Voraussetzung für Erfahrung und begriffliches Denken ist.

Selbstbewegung

Die meisten Lebewesen können sich selbst in Bewegung setzen. Der entsprechende Vorgang illustriert anschaulich, wie sich Aristoteles die Kooperation von Seele und Körper vorstellt, weshalb er diesem eine komplette Abhandlung (*Mot. An.*) widmet. Voraussetzung für die Initiierung eines Bewegungsvorganges ist, dass das Lebewesen etwas wahrnimmt, mittels *phantasia* eine Vorstellung von einem Gegenstand hat oder – im Falle des Menschen – etwas denkt. Allerdings bewirken diese kognitiven Akte allein noch keine Bewegung, solange nicht ein auf den wahrgenommenen, vorgestellten oder gedachten Gegenstand bezogenes Streben hinzukommt. Ein Lebewesen, das einen Gegenstand als gut oder angenehm wahrnimmt oder vorstellt, begehrt diesen oder strebt danach, so dass das Strebevermögen der Seele zum eigentlichen Beweger des Lebewesens wird. Am Modell des sogenannten praktischen Syllogismus macht Aristoteles deutlich, wie das Zusammenspiel von Streben und Wahrnehmen/Urteilen konkret eine Handlung oder eine Ortsbewegung auslöst. Wenn der Obersatz «Das Verspeisen von Karotten ist gut/erstrebenswert» eine allgemeine Strebensdisposition ausdrückt und der Untersatz «Dies hier ist eine Karotte» ein korrespondierendes Wahrnehmungsurteil, dann bestünde die Konklusion, wie Aristoteles bisweilen sagt, in der Handlung selbst, dem Verspeisen der Karotte.

Nun ist die Selbstbewegung aber eine Leistung, die die Seele nur im Zusammenspiel mit bestimmten körperlichen Teilen und physiologischen Reaktionen bewerkstelligen kann. Entscheidend ist für Aristoteles, dass die erste körperliche Veränderung bereits mit der Wahrnehmung oder Vorstellung des erstrebten Gegenstands gegeben ist. Handelt es sich um einen Gegenstand, zu dem sich das Lebewesen hingezogen fühlt, tritt zusammen mit dem Streben eine Erwärmung ein, fühlt es sich abgestoßen, eine Abkühlung. Diese thermischen Veränderungen in der Körpermitte wirken auf einen besonderen Stoff, das angeborene *pneuma*, welches die thermischen Impulse verstärken und in quantitative Veränderung transformieren kann. Indem sich das *pneuma* zusammenzieht oder ausdehnt, übt es Zug und Druck auf die Gelenke und Extremitäten aus (*Mot. An.* 10). Innerhalb der Gelenke selbst bleibt ein Teil unbewegt, während ein anderer Teil zusammen mit der angrenzenden Extremität in Bewegung gesetzt wird. Unter der Voraussetzung, dass es jetzt noch außerhalb des Lebewesens etwas Unbewegtes gibt, z.B. einen festen Untergrund, gegen den es sich abstoßen kann, setzt sich das Lebewesen in Bewegung. Unbewegter Beweger in einem solchen Vorgang ist das erstrebte Ziel, z.B. die Karotte, während das Streben ein bewegter Beweger ist, insofern es selbst vom Strebensziel in Bewegung gesetzt wird und das Lebewesen in Bewegung setzt. Dabei sind Wahrnehmung, Vorstellung, Streben usw. Beschreibungen psychologischer Vorgänge, die aber nicht von bestimmten physiologischen Veränderungen (Erwärmung/Abkühlung, Ausdehnung/Kontraktion usw.) getrennt werden können.

Denken

Das Denkvermögen unterscheidet nach Aristoteles den Menschen von allen anderen Lebewesen. Einfaches Denken (*nūs*) besteht im Erfassen von Wesensbegriffen (z.B. was es heißt, ein Pferd zu sein). Bevor das Denken solche einfachen Dinge denkt, ist es selbst – wie eine leere Wachstafel – nichts in Wirklichkeit, sondern hat lediglich die Fähigkeit, solche denkbaren Formen aufzunehmen (*An.* III 4). Entweder wir erfassen solche Wesensbegriffe oder wir verfehlen sie gänzlich, daher handelt es sich beim einfachen Denken um einen epistemischen Zustand, der nicht fehlgehen kann. Irrtum kann dagegen entstehen, wenn wir einfache Denkgegenstände miteinander kombinieren oder trennen (*An.* III 6).

Allerdings stößt die Naturphilosophie bei der Beschreibung des Denkvermögens an ihre Grenzen, da das Denken zwar eine Fähigkeit bestimmter Lebewesen ist, sich allerdings keiner körperlichen Organe bedient. Für diese überraschende Einschätzung gibt Aristoteles folgende Begründung. Während wir mit unseren Sinnen nur anwesende Gegenstände wahrnehmen können, ist es nicht erforderlich, dass ein Gegenstand, an den wir denken, irgendwie präsent sein müsste. Außerdem gibt es keine Beschränkungen für unser Denken, wir können an alle möglichen Gegenstände denken. Hätte das Denken nun ein bestimmtes körperliches Organ, dann könnte die Beschaffenheit dieses Organs die Reichweite unseres Denkens einschränken (*An.* III 4). Das leitet Aristoteles von der körperlichen Beschaffenheit unserer Sinnesorgane ab, die erstens immer nur für bestimmte Qualitäten empfänglich sind, die zweitens durch übermäßige Einwirkungen beeinträchtigt oder gar zerstört werden können und die drittens einen «blinden Flecken» aufweisen, wenn wir z.B. eine Temperatur ertasten wollen, die der Eigentemperatur des Tastorgans entspricht. Wenn das Denken also alles denken können soll – und es soll alles denken können –, dann darf es, so Aristoteles, nicht mit dem Körper vermischt sein.

Die Konsequenzen dieses Arguments sind nicht leicht zu verstehen. Heißt es, dass sich das Denken auch losgelöst von einem Körper vollziehen könnte? Denken (*nūs*) ist eine Auszeichnung, die den Menschen mit dem göttlichen Bereich verbindet: Der göttliche *nūs* in *Metaphysik* XII wird als körperloses Denken charakterisiert. Für den Menschen dagegen ist der *nūs* ein Zustand, der aus Wahrnehmung und Erinnerung hervorgeht und daher die Leistung eines konkreten Lebewesens ist. Aristoteles hebt mehrfach hervor, dass sich menschliches Denken immer bestimmter Vorstellungsbilder (*phantasmata*) bedienen muss, die aus der Wahrnehmung herrühren und daher wesentlich somatisch (körperlich) sind (*An.* III 7, 431^a16f., *Mem.* 1, 449^b31f.). Es ist daher schwer vorstellbar, wie das menschliche Denken nicht die Fähigkeit individueller Menschen sein oder ohne den menschlichen Körper vonstattengehen sollte. Nun skizziert Aristoteles in *De anima* III 5 in wenigen Zeilen den herstellenden Intellekt (*nūs poiētikos*), der im Unterschied zu dem erleidenden *nūs* (vermutlich der menschliche *nūs*, der in der Lage ist, alle möglichen Formen aufzunehmen) ewig und abgetrennt sei. Wäre dieser *nūs poiētikos* Teil der menschlichen Seele, dann schiene es, als gäbe es am Ende doch noch einen abtrennbaren Teil der Seele, was nicht gut mit der hylemorphistischen Seelentheorie zu vereinbaren wäre. Die Auslegungskontroversen um diese Stelle gehen bis in die Antike zurück; allerdings gibt es gute Gründe anzunehmen, dass Aristoteles damit den göttlichen *nūs* und keine menschliche Fähigkeit meint.

10. Lebewesen

Zu den wichtigsten Innovationen, die auf Aristoteles zurückgehen, gehört neben der Entwicklung der formalen Logik (S. 44 ff.) die Begründung einer systematischen Erforschung der Lebewesen. Die Auseinandersetzung mit den Arten, Fähigkeiten und Teilen von Lebewesen nimmt einen ganz erheblichen Platz in Aristoteles' Forschungstätigkeit ein; von den überlieferten Schriften des *Corpus Aristotelicum* machen die biologisch-zoologischen Schriften immerhin rund ein Viertel aus. Aristoteles beschreibt in diesen Schriften mehrere hundert Arten und scheint sich dabei auf die Ergebnisse der Sektion von Tieren aus mehr als sechzig verschiedenen Spezies (darunter Delphine, Seeteufel, Oktopoden, Seeigel, Schildkröten, Frösche, Rebhühner, Schnecken usw.) zu stützen.

Die Erforschung der Tierwelt

Die methodischen Grundlagen zur Erforschung von Lebewesen führt Aristoteles im ersten Buch von *De partibus animalium* aus. Die *Historia animalium* («Tierkunde») ist die längste erhaltene Schrift des Aristoteles überhaupt. Gemäß dem methodischen Grundsatz, dass Wissenschaften erst die Fakten und Phänomene zusammenstellen und dann nach dem Grund oder der Erklärung fragen müssen (also vom Wissen-dass zum Wissen-warum übergehen müssen: S. 52 ff.), sammelt diese Schrift allerlei Fakten über die Unterschiede der Gestalt und der Teile der Lebewesen, ihre Lebensweisen, Aktivitäten und ihren Charakter. Die Schrift beginnt mit einer ausführlichen Behandlung des Menschen, weil dies das uns bekannteste Lebewesen sei, und wendet sich dann anderen blutführenden Lebewesen und danach blutlosen Lebewesen zu. Die Bücher II bis IV von *De partibus animalium* sind dann der Suche nach den angekündigten Ursachen und Erklärungen für die Beschaffenheit und die Unterschiede der Teile von Tieren gewidmet, d. h. ihrer unterschiedlichen Ausstattung mit Organen und Geweben. In der Abhandlung *De generatione animalium* setzt sich Aristoteles mit Zeugung, Vererbung und embryonaler Entwicklung auseinander; in *De incessu animalium* untersucht er verschiedene Arten von Fortbewegung, wie Schwimmen, Gehen, Fliegen, Kriechen und deren anatomische Voraussetzungen, während er in *De motu animalium* die Fortbewegung der Lebewesen als eine der Seele und dem Körper gemeinsame Leistung untersucht. Dies zeigt die enge Verbindung der biologisch-zoologischen Schriften auf der einen Seite mit Aristoteles' Seelenlehre (S. 77 ff.) und der Schrift *De anima* sowie der Schriftensammlung *Parva Naturalia* auf der anderen.

Aristoteles' ausgeprägtes Interesse an der Erforschung der Tierwelt, den natürlichen Arten und Gattungen, den verschiedenen Fähigkeiten der Lebewesen und den Unterschieden in ihrem Körperbau lässt sich auch als Ausdruck der Distanzierung von den Grundlagen der Philosophie seines Lehrers Platon verstehen. Denn während Platon annahm, dass eigentliches Wissen nur von den ewigen Ideen und gerade nicht von der veränderlichen Natur zu erlangen sei, setzt Aristoteles auf die Erkenntnis wiederkehrender Phänomene und Strukturen in der veränderlichen Welt: Im Entstehen und Vergehen von Lebendigem, das derselben Art angehört und daher jeweils gleichartige Formen aufweist, sieht Aristoteles die einzige Weise, in der die vergängliche Welt an der Ewigkeit teilhat: «Für alles Lebendige ... ist es die natürlichste seiner Leistungen, ein anderes, das so ist wie es selbst, hervorzubringen – ein Lebewesen ein Lebewesen, eine Pflanze eine Pflanze –, damit sie am Ewigen und am Göttlichen teilhaben, soweit es ihnen möglich ist.» (*An.* 415a26–b1, siehe auch *Hist. An.* II 1, 731b31–732a1).

Zwar erkennt auch Aristoteles an, dass die Erkenntnis der ewigen Substanzen wegen ihres göttlichen Charakters (wobei die göttlichen Substanzen bei Aristoteles außer der Ewigkeit wenig mit Platons Ideen gemein haben: S. 68 ff.) am lustvollsten sei, doch seien uns im Hinblick auf solche ewigen Substanzen nur wenige Einsichten möglich, während der Mensch mit Tieren und Pflanzen gewissermaßen zusammen aufwachse und über sie ein umfassenderes Wissen erwerben könne; daher gewähre uns die Erforschung der Lebewesen, «weil sie uns näher stehen und unserer Natur in höherem Maße verwandt sind, einen gewissen Ausgleich für die Theorie vom Göttlichen» (*Part. An.* I 4, 645a2–4). Auch sei an der Untersuchung der natürlichen Körper nichts Widerwärtiges, denn schließlich seien Blut, Fleisch, Knochen, Sehnen und Derartiges für etwas gut. Und was für etwas gut ist, sei schön und keineswegs unwürdig (*Part. An.* I 4, 645a5 ff.).

Teleologische Erklärungen

Wie in jeder Wissenschaft, so geht es auch in der Zoologie darum, das Warum bzw. den Grund von bestimmten Phänomenen zu verstehen. Daher greift Aristoteles auch hier auf seine Lehre von den vier Ursachen (S. 51) zurück und zeigt gleich zu Beginn von *De partibus animalium*, warum die Final- oder Zweckursache bei der Wissenschaft vom Lebendigen eine besondere Bedeutung hat. Die Bestimmung der genauen Rolle, die diese Finalursache in der Naturforschung spielt, ist allerdings nicht ganz einfach, und oft wurde Aristoteles' Gebrauch dieser Ursachenart mit Zurückhaltung aufgenommen. Ziele und Zwecke kennen wir nämlich vor allem aus dem absichtsvollen Handeln und Herstellen von Menschen, so dass leicht der Eindruck entsteht, hier würde ein anthropomorphes Modell der Naturforschung übergestülpt – so nämlich, als operiere die Natur wie eine planende Person oder ein göttlicher Schöpfer. Allerdings benutzt Aristoteles selbst in der Naturforschung die Finalursachen und teleologischen Erklärungen (d.h., dass sich etwas in bestimmter Weise verhält, *weil* es einem bestimmten Ziel oder Zweck – griechisch: *telos* – dient) vor allem dazu, um zu erklären, warum bestimmte Phänomene regelmäßig so ausfallen, dass sie Fähigkeiten und Funktionen bestimmter Lebewesen ermöglichen und zu deren Erhaltung beitragen.

Aristoteles verteidigt diese Art von Erklärung gegen Philosophen, die annehmen, dass sich in der Natur alles aus den Material- und Bewegungsursachen erklären lässt oder dass sich bestimmte uns nützlich erscheinende Phänomene «einfach so» ergeben haben. Aristoteles illustriert die entsprechende Kontroverse an folgendem Gedankenexperiment (*Phys.* II 8): Manch einer würde sagen, Zeus lässt es regnen, damit das Getreide auf dem Feld wächst. Das wäre eine teleologische Erklärung. Aber verhält es sich nicht vielmehr so, dass es regnet, weil Dunst aufsteigt, in den höheren Regionen der Atmosphäre abkühlt und dann als Niederschlag auf die Erde fällt? Dass das für den Menschen, der Getreide anbaut, nützlich ist, ist nur ein Nebeneffekt oder eine Koinzidenz. Insoweit scheint Aristoteles seinen Gegnern zuzustimmen. Aber was wäre, wenn wir versuchten, diese nicht-teleologische Erklärung auf sämtliche natürliche Phänomene auszudehnen? Zum Beispiel wachsen bestimmten Lebewesen vorne im Kiefer scharfe Zähne, die zum Abbeißen der Nahrung nützlich sind, und weiter hinten im Kiefer Mahlzähne, die zum Verkleinern der Nahrung nützlich sind. Hat sich das im Zuge der Entwicklung eines individuellen Lebewesens einfach so ergeben? Oder lässt sich dies allein aufgrund von materiellen Ursachen erklären? Oder ist es nur eine Koinzidenz, dass die Zähne, die nun mal so wachsen, den Lebewesen für die Nahrungsaufnahme und somit letztlich für das Überleben nützlich sind? Aristoteles würde sagen, dass man auf diese Weise die Regularität dieser Phänomene nicht erklären kann. Es verhalte sich nämlich regelmäßig so, dass den Lebewesen die Zähne auf diese Weise wachsen und dass auch andere anatomische Merkmale so gestaltet sind, dass sie dem Überleben und Gedeihen dieser Art von Lebewesen entsprechen, weswegen es keine Koinzidenz oder kein Zufall sei, dass sich diese Einrichtungen als zweckhaft erweisen: Warum ist dieser Körperteil soundso beschaffen? Mögliche Antworten: Weil er der Atmung dient. Weil er für die Nahrungsaufnahme nützlich ist. Weil er für die Fortpflanzung gebraucht wird. Weil er die Wahrnehmung ermöglicht, usw. In allen diesen Fällen meint Aristoteles die Finalursache anzugeben; man kann an diesen Beispielen leicht sehen, warum die Finalursache für das Studium der Zoologie gleichermaßen wichtig und unschädlich ist.

Das ist der Grundgedanke teleologischer Erklärungen bei Aristoteles. In der Naturforschung verwendet sie Aristoteles vorwiegend im Hinblick auf Phänomene, die für bestimmte Fähigkeiten und Funktionen einzelner Arten von Pflanzen und Tieren als zweckmäßig erscheinen. Viele Bedenken, die Interpreten im Hinblick auf die Finalursache vorgebracht haben, lassen sich damit zerstreuen. Kritisiert wurde z.B. der Gedanke einer vom Menschen her verstandenen transgenerischen – die Grenzen der Arten und Gattungen übersteigenden – Teleologie: Gibt es z.B. Pflanzen und Tiere nur, damit der Mensch etwas zum Essen hat? Das ist nicht die Art und Weise, wie Aristoteles die Finalursache in der Zoologie verwendet. Stellen bei Aristoteles, die einen solchen Gedanken nahelegen könnten, scheinen lediglich zu besagen, dass sich der Mensch bestimmte Regularitäten in der Tier- und Pflanzenwelt zunutze machen kann, so wie sich der Bauer beim Anbau des Getreides den Regen in einer bestimmten Jahreszeit zunutze macht, ohne dass deswegen der Regen um der reichen Ernte willen da wäre. Ein weiteres Bedenken richtet sich darauf, dass unter Anwendung der Aristotelischen Formel «Die Natur tut nichts umsonst.» (z.B. *Inc. An.* 2, $704^{b}15$) ausnahmslos alle Phänomene zu etwas gut sein müssten. Allerdings behauptet Aristoteles nur die Priorität der Finalursache, er schließt aber nicht aus, dass viele Phänomene auch durch die Material- und Bewegungsursachen erklärt werden müssen. Vögel z.B. haben nach Aristoteles nur Hörkanäle, aber keine Ohrmuscheln, nicht weil dies zu irgendetwas gut ist, sondern weil sie, da sie keine Haare haben, auch nicht, wie Aristoteles annimmt, über die Art von Materie verfügen, aus denen Ohren geformt werden könnten (z.B. *Part. An.* II 12,

657^a17–22). Während alle Arten von Oktopoden zwei Reihen von Saugnäpfen auf ihren Tentakeln haben, findet Aristoteles eine Oktopus-Art mit einer einreihigen Anordnung der Saugnäpfe auf den Tentakeln. Warum ist das so? Nicht weil es zu etwas gut ist, sondern weil es sich, so Aristoteles (*Part. An.* IV 9, 685^b12–16), um eine besonders schlanke Art von Oktopoden handelt, deren Tentakel nicht breit genug für eine zweireihige Anordnung der Saugnäpfe sind.

Art und Gattung

In Aristoteles' Logik und Metaphysik spielt die Auffassung eine wichtige Rolle, dass jedes einzelne Ding zu einer bestimmten Art gehört und dass mehrere Arten unter einer Gattung zusammengefasst werden können. Speziell in der *Metaphysik* ist zudem der Gedanke wichtig, dass die Artzugehörigkeit eines jeden Dings durch eine Form oder Gestalt bestimmt wird, die für alle Exemplare derselben Art gleich ist. Beide Annahmen finden wir auch in der zoologischen Forschung des Aristoteles wieder. In *Part. An.* I 1 und *Gen. An.* I 1 wird klar festgehalten, dass Lebewesen, die dieselbe Gestalt und dieselben Teile haben, zur selben Art gehören, während Lebewesen, die hinsichtlich der Gestalt und Teile graduelle Unterschiede aufweisen, nur zur selben Gattung, aber nicht zur selben Art gehören. Die Unterschiede von Lebewesen in unterschiedlichen Gattungen dagegen sind nicht nur gradueller Art: Zwischen den Teilen eines Fisches und den Teilen eines Säugetiers besteht nur eine Analogie (z.B. zwischen Lungen und Kiemen, Beinen und Flossen). Auch in der Biologie kennt Aristoteles den Begriff der untersten Art (*infima species*), die in keine weiteren Arten unterteilt werden kann (insofern Unterschiede zwischen Individuen nur akzidentelle, aber keine der Art wesentlichen Merkmale betreffen). Zwar zielt die Zoologie grundsätzlich darauf, die Natur des Menschen, des Löwen und des Rindes jeweils für sich erklären zu können, doch gibt es einen guten Grund, Phänomene, die allen Arten und Gattungen gemeinsam sind – wie Schlaf, Atmung, Wachstum, Tod – zusammen zu behandeln, damit man nicht für jede Art dieselben Dinge wiederholen muss. Daher sind die entsprechenden Schriften nach solchen Eigenschaften und anatomischen Teilen mit analogen Funktionen und nicht nach den einzelnen Arten gegliedert.

Aristoteles unterteilt die Lebewesen in blutführende und blutlose und gibt für beide Gruppen sogenannte «höchste Gattungen» an; nach *Hist. An.* I 6 sind dies für die blutführenden Lebewesen Vögel, Fische, Wale und für die blutlosen Lebewesen Schaltiere, Krebstiere, Kephalopoden und Insekten. In *Hist. An.* II 15 fügt er der Gruppe der blutführenden Lebewesen noch die «Menschen und lebendgebärenden Vierfüßer» (also grob die Säugetiere) sowie die Reptilien als höchste Gattungen hinzu. Außerdem finden sich Unterteilungen wie die der Vierfüßer in Einhufer, Zweihufer und Vielzeher (*Part. An.* IV 10, $690^{a}5$ ff.). Offenbar schafft Aristoteles damit – trotz mancher Fehleinschätzung im Einzelnen – die Voraussetzung für eine Taxonomie der Tiere, wie sie auch in der modernen Biologie noch verwendet wird. Allerdings erfahren wir bei Aristoteles wenig über die Gruppierungen mittlerer Ordnung, die zwischen den höchsten Gattungen und den untersten Arten liegen. Dies mag auch mit dem Umstand zu tun haben, dass Aristoteles über keine feste Terminologie für diese Gruppierungen verfügt und daher Begriffe wie den der Gattung sehr flexibel für Gruppierungen unterschiedlicher Allgemeinheit einsetzen muss, weswegen der Eindruck entstehen könnte, Aristoteles verwende in der Biologie «Art-Gattung» nicht für eine feststehende Taxonomie, sondern nur als Relationsbegriff.

Die Einheit einer Art wird jedoch nicht nur durch die morphologische Ähnlichkeit, sondern vor allem auch durch die Genetik bestimmt. Eltern und Nachkommen gehören derselben Art an: «Der Mensch zeugt einen Menschen» (z.B. *Part. An.* I 1, $640^{a}25$). Auch die Zeugungspartner gehören grundsätzlich zu derselben Art (*Gen. An.* II 7, $746^{a}29$ f.). Damit wird grundsätzlich ein starres Art-Gattungs-Schema einschließlich der Ewigkeit der verschiedenen Arten begründet, was Aristoteles' Zoologie in Kontrast mit Charles Darwins These von der Entwicklung der Arten bringt. Manche moderne Interpreten haben nun dafür argumentiert, dass auch für Aristoteles die Grenzen zwischen benachbarten Arten oftmals gar nicht so scharf seien (wie z. B. der Unterschied zwischen Oktopoden mit einreihigen und mit zweireihigen Saugnäpfen auf den Tentakeln zeige) und dass er auch das Phänomen von Kreuzungen und Hybridbildungen zwischen ähnlichen Arten anerkenne (*Gen. An.* II 7, 746^{a}31 ff.). Außerdem wurde darauf hingewiesen, dass Aristoteles oftmals so spricht, als passe «die Natur» bestimmte Lebewesen an ihre Umwelt an, was geradezu wie eine Vorwegnahme Darwin'scher Gedanken klingt. Zum Beispiel verweist Aristoteles darauf, dass Sumpfvögel, die in seichten Gewässern auf nachgebendem Grund leben, mit extra langen Beinen ausgestattet worden seien (*Part. An.* IV 12, 694^{b}17 ff.), was so klingt, als sei dies eine umweltbedingte Abweichung von der üblichen Ausstattung der Vögel. Allerdings dürften Aristoteles für die Annahme einer kontinuierlichen Ausdifferenzierung der verschiedenen Arten durch Anpassung an Umweltfaktoren schlicht die empirischen Belege gefehlt haben – von der Unverträglichkeit solcher Annahmen mit seiner Metaphysik der substanziellen Arten ganz zu schweigen.

11. Glückliches Leben

Kann es eine Wissenschaft vom menschlichen Glück geben? Aristoteles ist sich darüber im Klaren, dass man über Fragen des Glücks und menschlicher Handlungen nicht mit derselben Präzision sprechen kann wie über Fragen der Geometrie. Im Bereich solcher praktisch-ethischer Fragen gelte nur Weniges allgemein und mit Notwendigkeit, vielmehr müsse man stets mit Ausnahmen rechnen. Dennoch gebe es Regularitäten – vieles, was man über das menschliche Glück sagen kann, gelte zwar nicht ausnahmslos, aber «in der Regel». Zwar kann die philosophisch-wissenschaftliche Betrachtung nicht einzelne Handlungen als gut oder schlecht erweisen, aber sie kann «im

Umriss» bestimmen, welche Art von Handlungen eher und welche weniger zu einem glücklichen Leben taugen. Aristoteles betont also auf der einen Seite die Unterschiede zwischen theoretischer und praktischer Wissenschaft, verwahrt sich aber gegen die Auffassung, dass die Philosophie Fragen, die das glückliche Leben betreffen, einfach den persönlichen Präferenzen des Einzelnen überlassen muss. Auch wenn keine philosophisch-wissenschaftliche Erwägung dem Einzelnen die Entscheidung in konkreten Situationen abnehmen kann, so kann sie doch einen Rahmen abstecken.

Den Teil der Philosophie, der sich mit solchen Fragen befasst, nennt Aristoteles *hē politikē* – Staatskunst oder politische Wissenschaft. Sie umfasst das, was wir heute Ethik und politische Philosophie nennen; ihren Namen hat sie vermutlich daher, dass für Aristoteles Ethik immer mit Erziehung, Erziehung mit Gesetzgebung und Gesetzgebung mit der Kunst, einen Staat zu regieren, zu tun hat. Trotz des umfassenden Titels *hē politikē* bleiben die genuin politischen Fragen der Schrift *Politik* überlassen (S. 103 ff.), während sich die *Eudemische* und die *Nikomachische Ethik* mit dem Glück des Einzelnen befassen.

Das menschliche Glück

Was Menschen vorsätzlich tun, tun sie um eines Zieles willen. Ein Ziel (*telos*) ist etwas, was man für gut hält und wonach man strebt. Ziele erkennt man daran, dass man andere Dinge ausführt, nur um das Ziel zu erreichen. Das höchste Ziel ist das, um dessen willen man alles andere tut, was man jedoch nicht selbst wiederum um einer anderen Sache willen ausführt. Als höchstes Ziel oder Gut betrachten die Menschen das Glück oder das glückliche Leben (*eudaimonia*), und sie tun deshalb alles, was sie planvoll tun, letztlich mit dem Ziel, gut zu leben. Dass das Glück das höchste Gut ist, sei, so Aristoteles, nicht weiter kontrovers. Die Kontroversen beginnen erst dann, wenn es darum geht zu bestimmen, worin das glückliche Leben denn nun besteht – ob man seine Zeit z. B. mit Vergnügungen, mit Gelderwerb oder mit dem Versuch, geehrt und berühmt zu werden, verbringen soll. Dass nun Gelderwerb keine geeignete Lebensform sei, erkenne man leicht, denn Geld ist Aristoteles zufolge immer nur Mittel zu einem Zweck, das glückliche Leben aber ist ein Ziel. Auch der Ehre nachzujagen habe etwas Oberflächliches, denn letztlich strebten die Menschen nicht nach Ehre, sondern nach den Qualitäten, für die man für gewöhnlich geehrt wird (zusammen mit der gebührenden Anerkennung). Aber kann man solchen Kontroversen entkommen und zumindest einen allgemeinen Rahmen formulieren, der das für den Menschen gute Leben umreißt?

Um einen solchen Rahmen zu finden, greift Aristoteles auf ein schon von Platon genutztes Argument zurück, das sogenannte *ergon*-Argument (*EN* I 6), mit dem er den für eine jede Sache guten Zustand aus dessen eigentümlicher Leistung (*ergon*) bestimmt. Die Frage ist also, ob es eine dem Menschen eigentümliche Leistung gibt, aus der wir das für den Menschen gute und glückliche Leben bestimmen können. In Übereinstimmung mit seiner Lehre von den verschiedenen Seelenvermögen (S. 78) ergibt sich problemlos, dass die für den Menschen typische Leistung weder in dem Ernährungs- noch in dem Wahrnehmungsvermögen besteht, weil er Letzteres mit Tieren und Ersteres gar mit Pflanzen gemein hat. Eigentümlich ist dem Menschen dagegen das vernünftige Leben, weil kein anderes sterbliches Wesen über Vernunft (*logos*) und Denken (*nūs*) verfügt. Daher muss das glückliche Leben des Menschen mit der Vernunft zu tun haben; das Glück soll daher durch die vernünftige Natur des Menschen bestimmt werden.

Damit ist die Bestimmung des Glücks aber noch nicht vollständig. Zunächst, sagt Aristoteles, gibt es zwei Bereiche der menschlichen Seele, die mit Vernunft zu tun haben: zum einen den Bereich der Seele, der selbst über Vernunft verfügt, zum anderen den Bereich, der zwar nicht selbst vernünftig ist, aber auf die Vernunft hören kann – gemeint ist der Teil der Seele, in dem unsere Begierden und Emotionen angesiedelt sind; diese können auf die Vernunft hören, indem sie sich durch vernünftiges Zureden beschwichtigen oder umlenken lassen. Aristoteles betont, dass es für das Erreichen des glücklichen Lebens auf die Betätigung (*energeia*) der vernünftigen Seelenteile ankommt: Alle diese Betätigungen sollten nicht nur einfach so, sondern vortrefflich ausgeführt werden (so wie das Spiel der Kithara einfach so oder vortrefflich ausgeführt werden kann), wobei außerdem wichtig ist, diese Dinge nicht nur ein- oder zweimal, sondern beständig auf vortreffliche Weise auszuführen, denn eine einzelne Schwalbe mache noch keinen Frühling.

Deshalb bestehe das für den Menschen gute Leben in einer Betätigung der Seele – und zwar der für den Menschen spezifischen, d.h. vernünftigen oder auf die Vernunft hörenden Seelenteile – gemäß der Vortrefflichkeit (*aretē*) und, falls es davon mehrere gebe, in der besten und vollkommensten, und dies während des Lebens als Ganzem (*EN* I 6, 1098^{a}16–18). Entscheidend ist der Zusatz «gemäß der Vortrefflichkeit (*aretē*)», weil es nicht genügt, die dem Menschen spezifischen Seelenteile irgendwie zu betätigen, sondern sie auf vortreffliche, bestmögliche Weise betätigt werden müssen. Derselbe Ausdruck *aretē* wird auch als «Tugend» übersetzt, so dass man sagen kann, das Glück bestehe in einer Betätigung der Seele gemäß der Tugend. Und da sich die Vortrefflichkeit oder Tugend auf zwei verschiedene Seelenteile beziehen kann – denjenigen, der Vernunft besitzt, und denjenigen, der auf sie hört –, gibt es zwei Arten von Tugend. Die Tugenden des vernünftigen Seelenteils heißen Verstandestugenden oder dianoetische Tugenden, die Tugenden des selbst nicht vernünftigen, aber auf die Vernunft hörenden Seelenteils heißen Charaktertugenden oder ethische Tugenden. Aristoteles' These lautet also: Wenn wir das, was den Menschen ausmacht, seine Vernunftbegabung (die sich in zweierlei Weise äußert), betätigen, und zwar auf vortreffliche Weise (das heißt im Sinne der Tugend des Charakters und der Tugend des Verstandes), dann sind wir glücklich.

Vortrefflichkeiten des Charakters

Nachdem die umrisshafte Bestimmung der *eudaimonia* ergeben hat, dass das glückliche Leben für den Menschen wesentlich in einer Betätigung der Tugenden besteht, konzentriert sich der Großteil der Aristotelischen Ethik auf die Exploration der Tugenden, besonders der Charaktertugenden. Tugenden wie Gerechtigkeit, Tapferkeit, Besonnenheit standen zu Zeiten von Platon und Aristoteles für sozial anerkannte Verhaltensweisen, die allerdings durch das Argument einiger Sophisten, Gerechtigkeit nütze nur den Schwächlingen und nehme den Stärkeren, was ihnen von Natur zusteht, unter Rechtfertigungsdruck geraten waren. Platon hatte auf diese Herausforderung reagiert, indem er zeigte, dass Tugenden – recht verstanden – nichts mit konventionellen Verhaltenserwartungen zu tun haben, sondern im ursprünglichen Sinn des Wortes *aretē* den vortrefflichen Zustand einer gesunden oder harmonischen Seele beinhalten; weil es nun unmittelbar erstrebenswert ist, über eine derart harmonische und daher auch glückliche Seele zu verfügen, zeigt Platon damit auch, warum es in jedermanns Interesse liegen muss, über Tugenden zu verfügen. Grundsätzlich folgt ihm Aristoteles in diesem Ansatz trotz einiger Unterschiede im Detail.

Die Vortrefflichkeit des nicht-rationalen Seelenteils, des Charakters, manifestiert sich nach Aristoteles in den unterschiedlichen Charaktertugenden. Er spricht von mehreren Tugenden des Charakters, weil sich die Vortrefflichkeit des Charakters in unterschiedlichen Lebensbereichen unterschiedlich äußert: Im Hinblick auf Gefahren gilt es tapfer, im Umgang mit Begierden gilt es besonnen, im Hinblick auf Geschenke gilt es großzügig und im Hinblick auf Tauschgeschäfte und Verteilungsfragen gilt es gerecht zu handeln usw. Solche Tugenden kommen uns Menschen nicht von Natur aus zu, aber wir sind von Natur aus dazu veranlagt, sie zu erwerben. Deshalb sind Tugenden auch nicht mit natürlichen Veranlagungen zu verwechseln; Aristoteles würde nämlich nichts als Tugend anerkennen, was nicht zu guten Ergebnissen führt. Wenn nun jemand z.B. dazu veranlagt ist, hilfsbereit zu sein, dann kann diese Neigung auch zu unerwünschten Ergebnissen führen, wenn sie nämlich nicht so ausfällt, wie es die praktische Vernunft (*phronēsis*) für richtig hält. Die Vortrefflichkeit des Charakters besteht nämlich gerade darin, dass die Begierden, Emotionen, Neigungen des selbst unvernünftigen Seelenteils so ausfallen, wie es die praktische Vernunft anordnen würde.

Manche Charaktertugenden werden im Hinblick auf Handlungsweisen bestimmt; man ist z. B. großzügig, wenn man anderen in angemessener Weise von seinem Besitz abgibt. Manche andere Tugenden werden aber eher im Hinblick auf emotionale Reaktionen bestimmt; z. B. verfügt man über die Tugend der Milde, wenn man nicht zu heftig, nicht zu häufig und nicht aus geringfügigen Anlässen Zorn empfindet. In beiden Fällen kommt es bei der Charaktertugend aber auf Folgendes an: Wenn jemand großzügig handelt oder seinen Zorn unterdrückt, dann ist das besser als das Gegenteil, aber noch nicht tugendhaft, solange man sich nicht gerne und ohne zu zögern so verhält. Solange man innere Widerstände überwinden muss und einem das tugendhafte Handeln keine Lust bereitet, handelt man noch nicht aufgrund einer Tugend. Menschen, die zwar das Richtige tun, eigentlich aber dazu motiviert sind, das Gegenteil zu tun, nennt Aristoteles «beherrscht», aber nicht «tugendhaft». Tugendhaftes Verhalten trägt nur dann zu unserem Glück bei, wenn wir es gerne tun und wenn sich in unseren Entscheidungen eine Anerkennung für die Ziele der entsprechenden Tugend ausdrückt.

Aristoteles bestimmt Charaktertugenden daher als dauerhafte Dispositionen oder feste Haltungen (Habitus), durch die wir in unterschiedlichen Lebenslagen das Richtige tun und empfinden (*EN* II 1–6). So wie der Pferdefreund Lust daran hat, sich mit Pferden zu befassen, so hat der oder die Tugendhafte Lust daran, tugendhaft zu handeln. In der Lust des Tugendhaften am tugendhaften Tun drückt sich aus, dass es sich dabei um die Betätigung einer tugendhaften Haltung oder Disposition handelt. Eine solche Haltung ist die Grundlage dafür, dass wir in unseren Überlegungen und Entscheidungen (*prohairesis*) stets tugendhafte Ziele zu erreichen versuchen, sowie dafür, dass wir auch dann spontan das Richtige treffen, wenn einmal keine Zeit zur Überlegung vorhanden ist.

Wenn so viel von diesen tugendhaften Haltungen abhängt, wie ist es dann möglich, sie zu erwerben? Hier betont Aristoteles die Rolle der Erziehung und Gewöhnung. Am leichtesten erwirbt man Charakterzüge in der Kindheit und Jugend; wenn man nämlich immer dazu angehalten wird, z.B. besonnen zu handeln, dann wird einem das Besonnen-Sein irgendwann zur zweiten Natur, so dass man gar nicht mehr versucht ist, ausschweifend oder unbeherrscht zu handeln, da nunmehr alle Strebensdispositionen auf ein besonnenes Handeln hin ausgerichtet sind. Junge Menschen werden für ihre Handlungen gelobt oder getadelt, belohnt oder bestraft, so dass sie sich daran gewöhnen, gute Handlungen mit etwas Angenehmem und schlechte Handlungen mit dem Gegenteil davon zu assoziieren, bis sie dann irgendwann die tugendhaften Handlungen selbst als lustvoll empfinden. Am einfachsten wird man daher tugendhaft, wenn man von Kindheit an von tugendhaften Erziehern, Freunden und Gesetzgebern umgeben ist, im Erwachsenenalter dagegen sind schlechte Charakterzüge nur noch schwer zu korrigieren.

Die Lehre von der Mitte

Eine der bekanntesten Lehren des Aristoteles lautet nun, dass die Tugend eine Mitte (*mesotēs*) sei (*EN* II 6). Was hat es damit auf sich? Hinsichtlich des Charakters gibt es einerseits gute und tugendhafte Haltungen, andererseits aber auch schlechte und lasterhafte. Wie bestimmt man nun die guten Charakterzüge? Es handelt sich um diejenigen Dispositionen, durch die wir in unterschiedlichen Situationen die richtigen Handlungen ausführen und die richtigen Emotionen empfinden. Wann liegen wir mit unseren Handlungen und Emotionen richtig und wann falsch? Bei allen Fragen, die ein Kontinuum betreffen, äußert sich das Falsche, so Aristoteles, auf zweierlei Weise: Durch ein Zu-Viel oder ein Zu-Wenig. In gefährlichen Situationen z.B. verfehlen wir das Richtige, entweder indem wir zu viel Furcht empfinden (das entsprechende Laster ist als «Feigheit» bekannt) oder indem wir zu wenig Furcht empfinden (man könnte von «Tollkühnheit» sprechen). In Bezug auf körperliche Lüste verfehlen wir das Richtige, entweder indem wir zu viel essen, zu viel trinken, zu oft unserem Verlangen nach Sex nachgeben usw.

oder indem wir zu wenig von all dem haben wollen. Der Bereich zwischen den Verfehlungen ist daher immer eine Mitte, so dass die Tugend jeweils durch die richtige Mitte zwischen zwei exzessiven und daher lasterhaften Tendenzen bestimmt ist. Viele haben nun die Sorge, alle praktisch-moralischen Fragen könnten durch das Schema der Mitte zu einer rein quantitativen Angelegenheit werden: Soll ich treu sein oder nicht? Einmal untreu sein ist in Ordnung, zweimal wäre zu viel. Soll ich auf der Straße links oder rechts gehen? Lieber auf dem Mittelstreifen. Um solche unsinnigen Anwendungen der Lehre von der Mitte zu vermeiden, spricht Aristoteles ausdrücklich von einer «Mitte für uns» (*EN* II 6, 1107^{a}3–6), die gerade nicht messbar sei. Damit meint er, dass das richtige Maß durch die je besonderen Umstände bestimmt ist: Für einen Kraftsportler liegt das richtige Maß an Nahrung deutlich höher als für jemanden, der gar nicht trainiert. Um das in einer besonderen Situation Angemessene beurteilen zu können, braucht man daher praktische Weisheit (*phronēsis*) und muss mit ihrer Hilfe allerlei Faktoren in Betracht ziehen, z. B. wann, mit wem, wozu, mit welchen Mitteln und auf welche Weise man etwas tut. Wenn wir auch nur im Hinblick auf einen dieser Faktoren falsch liegen, kann das die gesamte Handlung misslingen lassen. Wer z. B. der falschen Person gegenüber zürnt oder aus dem falschen Grund zürnt, der verfehlt (auch wenn er dies nur einmal tut) das Richtige in Richtung auf das Zu-Viel, wer durch keine Art von Beleidigung zu einer zornhaften Reaktion veranlasst werden kann, der verfehlt das Richtige in Richtung auf das Zu-Wenig. Die Charaktertugend hingegen ist die Disposition, die uns mithilfe richtiger Überlegung und praktischer Weisheit (*phronēsis*) unter allen solchen Umständen das Richtige treffen lässt. Wer die Tugend der Großzügigkeit hat, wird kein unangemessenes Geschenk machen und nicht die falsche Person beschenken; wer die Tugend der Wahrhaftigkeit hat, wird, wann immer erforderlich, die Wahrheit sagen, wird aber auch niemanden mit der Wahrheit unnötig bloßstellen oder beleidigen usw.

Die beste Lebensform

So wie es Vortrefflichkeiten des Charakters gibt, gibt es auch Vortrefflichkeiten des Verstandes. Sie werden weniger durch Gewöhnung als durch Lernen und Erfahrung erworben. Wann immer wir uns durch solche intellektuellen Fähigkeiten in der einen oder anderen Weise auszeichnen, verfügen wir über eine dianoetische Tugend. Alle dianoetischen Tugenden lassen sich in zwei Gruppen unterteilen: in die auf das Unveränderliche und Notwendige gerichteten – sie gehören letztlich alle zur theoretischen Weisheit (*sophia*) – und in die auf Handlungen und das Veränderliche gerichteten – sie gehören zur praktischen Weisheit (*phronēsis*). Man kann keine Charaktertugenden haben ohne *phronēsis*, jedoch ist für das Gelingen der Handlungen keine *sophia* erforderlich. Zwar ist es denkbar, dass man intellektuelle Tugenden entwickelt, ohne seine Charaktertugenden zu pflegen, aber um sich in Verstandesleistungen wirklich auszuzeichnen, muss man sich zumindest bestimmter Charaktertugenden bedienen – denn wie könnte man sich z. B. philosophischen Studien widmen, wenn man über keinerlei Besonnenheit verfügte und sich ständig durch Begierden ablenken ließe?

Dennoch stellt sich die Frage, ob das menschliche Glück entweder durch die Ausübung der Charaktertugenden oder durch die Ausübung von dianoetischen Tugenden oder nur durch beide Arten von Tugenden zusammen erreicht werden kann. Aristoteles' Antwort auf diese Frage läuft auf ein Sowohl-als-auch mit einer Präferenz für die dianoetischen Tugenden hinaus (*EN* X 6–9). In einem theoretischen, der Philosophie gewidmeten Leben könne der Mensch seine Weisheit ausüben und dadurch in Übereinstimmung mit dem Höchsten und Edelsten im Menschen leben. Auch sei die Theorie eine Betätigung, der der Mensch am kontinuierlichsten nachgehen könne und die die höchste, ungetrübteste Art von Lust – nämlich durch die ungehinderte Betätigung der entsprechenden Fähigkeit – mit sich bringe. Umgekehrt brauche man die Charaktertugenden für das Leben in der Gemeinschaft, weswegen Aristoteles eine solche

Betätigung auch als «politische» Lebensform bezeichnet. Während das theoretische Leben den Menschen gewissermaßen näher an die göttliche Existenz bringt, sei das politische Leben dem Menschen am eigentümlichsten, denn allein der Mensch führt als vernunftbegabtes Wesen eine körperliche Existenz, die sowohl körperliche Begierden und Emotionen als auch soziale Neigungen mit sich bringt. Auch ein Leben das durch die Ausübung von Charaktertugenden geprägt ist, verwirklicht somit spezifische Möglichkeiten des Mensch-Seins und scheint damit glücklich zu sein. Am Ende scheint Aristoteles eine Mischung aus beiden Lebensformen für realistisch zu halten, weil er ausdrücklich festhält, dass kein Mensch dauerhaft Theorie betreiben kann, ohne sich um seine körperlichen Bedürfnisse und das Gelingen seines sozialen Lebens zu kümmern.

12. Staat

Aristoteles macht immer wieder deutlich, dass für ihn die Überlegungen zum Wesen des Staates, zu den verschiedenen Verfassungen und politischen Einrichtungen unmittelbar an seine Überlegungen zur Ethik anschließen. Denn nur ein wohlgeordneter Staat mit guter Gesetzgebung liefert die optimalen Voraussetzungen für den Erwerb und die Ausübung von Tugenden. Außerdem zeigt Aristoteles wiederholt, dass das Glück des Staates letztlich nicht anders zu bestimmen ist als das Glück des Einzelnen. Trotz dieser Nähe von Individualethik und politischer Theorie entwickeln die Diskussionen der *Politik* stellenweise eine Agenda, die von genuin ethischen Fragen weitgehend unabhängig ist. Vor allem diskutiert Aristoteles immer wieder die eher pragmatische Frage, wie die Stabilität eines Staates zu gewährleisten sei, da er Verfassungsumsturz und Anarchie als größte Übel ansieht.

Die Natur des Staates

Staaten sind Gemeinschaften. Alle Gemeinschaften werden um eines Gutes oder Zieles willen gebildet, da auch die individuellen Menschen, die sich in einem Staat zusammenfinden, alles, was sie bewusst und planvoll ausführen, um eines Zieles willen tun. Das Ziel, das sie bei der Etablierung eines Staates verfolgen, ist ein zweifaches: Zuerst soll der Staat die Autarkie sichern – das heißt, dass der Staat alles zur Verfügung stellt, was wir zum Überleben brauchen. Diese Autarkie wiederum ist die Voraussetzung dafür, dass wir uns um die Erreichung eines guten und glücklichen Lebens bemühen und dafür Charaktertugenden und intellektuelle Fähigkeiten entwickeln können. Aristoteles bringt dies auf die vielzitierte Formel, der Staat existiere von Natur aus (*Pol.* I 2, $1252^{b}30$), womit er natürlich nicht meint, dass der Staat ohne menschliches Eingreifen entsteht. Was er sagen will, ist, dass der Staat aus Gemeinschaften hervorgeht, die aus dem natürlichen Impuls des Menschen zur Fortpflanzung und Selbsterhaltung gegründet wurden, und dass es deshalb in der Natur des Menschen liegt, Staaten einzurichten, die die vollständige Autarkie garantieren und ein Streben nach dem glücklichen Leben ermöglichen. So entsteht die Gemeinschaft von Frau und Mann um der Fortpflanzung willen, der Haushalt um der Sicherung der täglichen Bedürfnisse willen, das Dorf entsteht aus zu groß gewordenen Haushalten und kann erstmals Bedürfnisse erfüllen, die über die täglichen Bedürfnisse hinausgehen. Das Streben nach Autarkie und einem guten Leben, das diese Gemeinschaftsbildung vorantreibt, verweist daher immer über diese Gemeinschaftsformen hinaus auf die volle Autarkie und das gute Leben im Staat.

Für den Menschen ist es daher natürlich, in einem Staat bzw. einer *polis* zu leben. Deshalb nennt Aristoteles den Menschen auch ein *zōon politikon* – ein seiner Natur nach politisches, d. h. zum Leben in der *polis* veranlagtes Lebewesen (*Pol.* I 2, $1253^{a}2$ f.). Das bedeutet nicht nur, dass der Mensch der arbeitsteiligen Kooperation mit anderen bedarf, um die Absicherung mit dem Lebensnotwendigen zu erreichen; es bedeutet auch, dass der Mensch eine Neigung hat, mit anderen zusammenzuleben, und dass er insbesondere durch seine Sprachfähigkeit die Voraussetzungen für das Leben in einer Gemeinschaft mitbringt, in der man sich über Fragen der Organisation und der Gerechtigkeit verständigen muss (*Pol.* I 2, $1253^{a}9$ ff.). Trotz alledem bleibt das Zusammenleben in der staatlichen Gemeinschaft ein bisweilen anstrengendes Unterfangen – Aristoteles vergleicht den Staat auch mit Reisegruppen, deren Mitglieder im Laufe der Reise leicht in Streit geraten.

Umgekehrt ist es nach dieser Argumentation die Natur bzw. das Wesen des Staates, von Menschen um der Autarkie und des guten Lebens willen gegründet worden zu sein. Politische Gebilde, die dieser Zwecksetzung nicht entsprechen, verfehlen das Wesen eines Staates. Diese Überlegung hat wichtige Konsequenzen für die Bewertung verschiedener Staatsformen.

Gleichheit und Ungleichheit im Staat

Aristoteles' politische Philosophie orientiert sich am griechischen Stadtstaat seiner Zeit, der *polis*. Sie gewährleistet den Lebensunterhalt für Freie und Unfreie, Männer, Frauen und Kinder, Bürger und Anwohner (Metöken), aber nur frei geborene Männer mit Bürgerstatus haben Zugang zu politischen Ämtern. Die *polis* muss die nötige Größe mitbringen, um die Autarkie zu gewährleisten, sollte aber hinsichtlich der Einwohnerzahl und der Fläche überschaubar bleiben, weil sich anderenfalls nicht einmal mehr die Bürger gegenseitig kennen würden. Außerdem könnte es großflächigen Stadtstaaten wie Babylon ergehen, wo ein Teil der Stadt nach ganzen drei Tagen noch nichts von der Einnahme Babylons bemerkt haben soll. Die Einheit der *polis* ist bei allen Überlegungen ein wichtiges Ziel, aber Einheit komme nicht durch Angleichung, sondern gerade durch die Komplementarität verschiedenartiger Teile zusammen. So muss die *polis* all die verschiedenen Berufsgruppen enthalten, die für die Autarkie erforderlich sind: u. a. Handwerker, Bauern, Händler, Soldaten, Bürger, die beraten und regieren können. Außerdem bringen die Bürger unterschiedliche Voraussetzungen mit:

Die einen sind wohlhabend, andere zeichnen sich durch kriegerische Tugend, wieder andere durch praktische Weisheit (*phronēsis*) und andere allein durch den Umstand aus, dass sie frei geboren wurden. Eine politische Verfassung ist die Ordnung des Staates, durch die festgelegt wird, welche dieser Gruppen auf welche Weise herrschen und wie der Zugang zu den Staatsämtern geregelt werden soll. Wenn eine Verfassung vorsieht, dass nur die Bürger mit herausragenden Qualitäten oder Tugenden herrschen sollen, dann neigt sie der Aristokratie (wörtlich: «Herrschaft der Besten») oder einer Art des Königtums zu; wenn nur die wohlhabende Minderheit herrscht, handelt es sich um eine Oligarchie, und wenn eine relativ arme Mehrheit von Freien herrscht, um eine Demokratie.

Für alle Verfassungsarten gilt, dass politische Herrschaft die Herrschaft über andere mündige Bürger bedeutet und sich dadurch wesentlich von der Herrschaft eines Freien über Unfreie oder von der Herrschaft der Eltern über die Kinder unterscheidet. Warum aber sollte ein frei geborener Bürger einer Regelung zustimmen, in der andere herrschen, während er selbst vom Zugang zu Regierungsämtern ausgeschlossen ist? Wer dauerhaft von der Herrschaft ausgeschlossen ist, wird die bestehende Verfassung ablehnen und ggf. zu einem Umsturz der politischen Verhältnisse beitragen. Ein politischer Umsturz oder Verfassungswechsel führt zu Phasen der Gesetzlosigkeit und der Auflösung jeglicher politischer Ordnung, was nach Aristoteles die schlechteste aller Möglichkeiten ist, da der Mensch nur in der *polis* zu seiner Vervollkommnung gelangen, ohne staatliche Ordnung aber zum schlimmsten aller Lebewesen mutieren kann. Ein Grundsatz, den Aristoteles daher befürwortet, ist der des abwechselnden Herrschens und Beherrscht-Werdens: Demnach ist es für einen freien Bürger akzeptabel, jetzt beherrscht zu werden, wenn er in der Vergangenheit selbst geherrscht hat oder wenn er die Aussicht hat, zu einem späteren Zeitpunkt selbst herrschen zu können. Außerdem können den Bürgern abgesehen von den Regierungsämtern selbst noch andere Formen der politischen Partizipation eingeräumt werden, wie die Teilnahme an der Volksversammlung, Zugang zu den Richterämtern, Mitwirkung bei der Bestimmung von Herrschern und Beamten, Entgegennahme der Rechenschaft von Beamten usw.

Wann immer es nun um die Zuteilung solcher Mitwirkungsrechte geht, können grundsätzlich ganz unterschiedliche Ansprüche geltend gemacht werden. Die Menge der Bürger, die über keine besondere Auszeichnung verfügt, könnte z.B. sagen, es sei gerecht, wenn jeder gleichen Zugang erhält, da ja auch alle Bürger gleich seien. Diejenigen hingegen, die ungleich sind, insofern sie mehr Geld, mehr Besitz oder mehr an Tugend in den Staat mit einbringen, könnten sagen, es sei ungerecht, wenn sie gleich wie die anderen behandelt würden. Die erste Argumentationsweise würde für demokratische, die letzten beiden Argumentationsweisen für oligarchische oder aristokratische Einrichtungen sprechen. Welchem Standpunkt ist der Vorzug zu geben? Wenn es sich beim Staat nur um ein Zweckbündnis oder eine Gewinngemeinschaft handeln würde, dann hätten vermutlich diejenigen recht, die proportional zu ihrem Besitz oder materiellen Einsatz beteiligt werden wollen. Da der Staat aber um des guten Lebens willen besteht, das gute Leben aber nicht ohne Tugenden möglich ist, sagt Aristoteles, ist es höher zu honorieren, wenn jemand seine Tugenden und seine Vernunft in den Staat mit einbringt (*Pol.* III 9). Denn auch um einen Staat gut zu regieren, bedarf es derselben Art von *phronēsis*, die wir für die Ausübung individueller Tugenden benötigen. So betrachtet, spräche viel dafür, die Regierungsämter an solche Bürger zu geben, die sich durch Charaktertugenden und *phronēsis* auszeichnen (*Pol.* III 9). Das ist auch der Grund, warum Aristoteles grundsätzlich einer Herrschaft der Besten (Aristokratie) zuneigt. Allerdings: Was würde die Mehrheit der freien Bürger dazu sagen, wenn sie grundsätzlich von der Mitbestimmung ausgeschlossen wäre? Und ist es realistisch darauf zu hoffen, dass sich in jedem Staat genügend Bürger finden, die an Tugend und *phronēsis* so sehr herausragen, dass ihnen die Regierung angetragen werden muss?

Für und wider die Demokratie

Da der Staat um des guten Lebens der beteiligten Bürger willen gegründet wurde, verfehlt eine Verfassung das Wesen des Staates, wenn darin nur das Wohl der regierenden Klasse, nicht aber das Wohl aller beteiligten Bürger bedacht wird (*Pol.* III 6). Deswegen setzt Aristoteles die Tyrannis, die Oligarchie und die Demokratie in die Klasse der verfehlten Verfassungen, weil diese entweder nur dem Wohl der Tyrannen oder nur dem Wohl der Reichen oder nur dem Wohl der armen Mehrheit dienen. Letzteres geschehe in Demokratien, in denen die mittellose Mehrheit gegen die Interessen der Wohlhabenden regiert – denn auch wenn die Mittellosen die Mehrheit darstellen, repräsentieren sie nicht die ganze Bürgerschaft und setzen sich selbst ins Unrecht, wenn sie die Ansprüche der Minderheit missachten.

Diese Klassifikation hat Aristoteles den Ruf eingetragen, ein Gegner der Demokratie zu sein. Allerdings ist dies nicht sein letztes Wort in Sachen Volksherrschaft, denn er behandelt auch eine Form von Volksherrschaft, die Politie, die den entscheidenden Fehler der Demokratie vermeidet. Außerdem gilt seine Kritik an der Volksherrschaft vorwiegend einer politischen Konstellation, die, wie er findet, in überzogener Weise von demokratischen Einrichtungen Gebrauch macht, etwa indem sie alles dem Losentscheid überlässt, wodurch auch völlig unfähige Personen politische Verantwortung erhalten. Außerdem kritisiert er, dass in radikal-demokratischen Systemen die Gesetze zunehmend ihre Autorität verlieren, wodurch Demagogen – rhetorisch ausgebildete Populisten – zunehmend Einfluss gewinnen. Deswegen erweisen sich gerade radikale Demokratien als instabil und schlagen durch Missbrauch der demokratischen Verfahren leicht in eine Tyrannenherrschaft um.

Aristoteles' *Politik* wägt Argumente für und wider unterschiedliche Verfassungsarten ab und betont, dass die einzelnen Verfassungen sehr unterschiedliche Ausprägungen annehmen können. Obschon er denkt, dass es für den Staat ideal wäre, wenn die an Tugend herausragenden Bürger regieren würden, und dass es davon im Allgemeinen eher wenige gibt, formuliert er letztlich ein eindringliches Argument zugunsten der gemeinwohlorientierten Volksherrschaft. Wenn nämlich immer nur Einzelne mit herausragenden Charakter- und Vernunftqualitäten regierten, hieße das, dass ein bedeutender Teil der Bürgerschaft von der Mitwirkung ausgeschlossen und sich wie ein Feind im Innern des Staates gerieren würde. Das würde den Zusammenhalt und die Stabilität des Staates gefährden, was es bei allen erträglichen Verfassungsformen zu vermeiden gilt. Daher muss auch die Mehrheit des Volkes auf verschiedene der schon angeführten Weisen beteiligt werden. Und mit dieser Beteiligung hat Aristoteles vielleicht mehr im Sinn, als man zunächst denkt: Oft verhalte es sich so, dass viele zusammen mehr erreichen als wenige Einzelne. Wenn z.B. viele zu einem Festmahl beitragen, ist das Mahl am Ende größer und besser, als wenn es von nur wenigen bestritten wird. Viele zusammen mögen deshalb unter Umständen mehr Kompetenz zusammenbringen als wenige Einzelne, die durch ihr Wissen herausragen. Dieses Argument könnte auf den ersten Blick unplausibel scheinen, denn eine große Menge von Hausbewohnern übertrifft ja nicht den Architekten hinsichtlich der Kompetenz zum Hausbau. Aber möglicherweise kann die Menge der Hausbenutzer die Gebrauchsqualität eines Hauses besser beurteilen als der einzelne Architekt. Dies gelte analog auch für die Menge an Bürgern, die im Staat leben, denn selbst wenn Einzelne nicht zur Regierung befähigt sind, so können sie doch die Auswirkung von Regierungsentscheidungen auf das Leben – sozusagen als Staatsbenutzer – beurteilen (*Pol.* III 11).

Außerdem argumentiert Aristoteles, dass für die größte Zahl von Staaten eine mittlere Verfassung durchsetzbar und nützlich ist, bei der es eine starke Mittelschicht gibt, die weder übermäßig reich noch arm ist (*Pol.* IV 11). Diese Mittelschicht hat die Möglichkeit, Tugenden und Regierungsqualitäten zu entwickeln, weil sie weder durch Armut davon abgehalten noch durch Reichtum arrogant wird. In einer solchen Verfassung gibt es nicht die Konflikte zwischen Armen und Reichen, wie man sie in der Oligarchie und der Demokratie findet. Die mittlere Verfassung stellt damit gewissermaßen wie alle guten und zugleich realistischen Verfassungsarten eine Mischung aus verschiedenen Verfassungselementen dar, indem sie zwar wie die Demokratie der Mehrheit die politische Mitwirkung erlaubt, dies aber wie die Oligarchie von einem Vermögenskriterium – wenn auch nur von einem sehr bescheidenen – abhängig macht und schließlich wie die Aristokratie auf die Ausbildung von Tugenden und Bürgerqualitäten setzt.

13. Dichtung

Im erhaltenen ersten Buch der *Poetik* – das zweite war wohl schon um 800 n. Chr. verloren – bestimmt Aristoteles die Dichtung als eine Spezies innerhalb des Genus «Nachahmung» (*mimēsis*). Dieser Begriff hatte bereits in der Platonischen Dichtungskritik eine zentrale Rolle gespielt: Platon schloss die Produktion und Aufführung poetischer Werke nicht zuletzt deshalb aus seinem Idealstaat aus, weil schon die sinnlich wahrnehmbaren Gegenstände unserer Erfahrungswelt nur eine Nachahmung (*mimēsis*) der Ideen seien, so dass die poetische Nachahmung jener Gegenstände eine ontologisch drittrangige «Nachahmung von Nachahmung» (*mimēsis mimēseōs*) darstelle.

Im Gegensatz zu Platon hält Aristoteles die Freude am Nachahmen und die Freude am Rezipieren von Nachahmungen für eine wertvolle Eigenschaft, die in der Natur des Menschen verankert ist und auf dessen grundlegenden Lerntrieb (*Metaph.* I 1, 980^{a}21) zurückgeführt werden kann. Im Wege aktiven Nachahmens machen Kinder ihre ersten Lernerfahrungen, und die Freude von Menschen an der Rezeption von Nachahmungen wird nach Aristoteles hauptsächlich durch den Lerneffekt des Wiedererkennens ausgelöst. In griechischer Dichtung ist nun in vergrößertem Maßstab wiederzuerkennen, wie der Mensch sich angesichts der Fragilität der *condition humaine* zu behaupten sucht – sei es unter den Bedingungen eines komischen Fiasko oder eines tragischen Untergangs.

Dieser Lerneffekt dürfte nach Aristoteles der eigentliche Nutzen sein, den das Publikum insbesondere aus dramatischen Aufführungen ziehen kann – nicht nur die fraglos befreiende, «kathartische» Wirkung des enthemmten Lachens über Lächerliches und des fassungslosen Weinens über Mitleid- oder Furchterregendes. Zwar hat Aristoteles die lustvoll-erleichternde Katharsis, d.h. das Abreagieren der im Laufe der Aufführung aufgestauten Gefühle, in seine Tragödiendefinition aufgenommen und im Falle der Komödie anscheinend sogar breiter behandelt, aber seit Lessing hat man in diese Katharsis zu viel hineingeheimnisst: Es ist das Wiedererkennen, das den Zuschauer emotional ergreift, und es ist, wenn überhaupt etwas, die hierdurch vermittelte Erkenntnis, die ihm nach dem lustvollen Abreagieren der Gefühle bleibt.

Gegenüber anderen Spezies künstlerischer Nachahmung, wie Malerei und Plastik, liegt die spezifische Differenz der Dichtung nun darin, dass sie als Medium die Sprache (*logos*) verwendet – sei es als einziges Medium, sei es in Kombination mit anderen Medien. Zur Ermittlung der verschiedenen Dichtungsgattungen führt Aristoteles drei einander ergänzende Bestimmungsmerkmale ein: (1) die zur Nachahmung verwendeten Medien, (2) das charakterliche Niveau der handelnden Personen, (3) die Hierarchie zwischen Erzählung und Figurenrede.

Die Medien der Dichtung

Aristoteles unterscheidet drei Medien poetischer Nachahmung: Sprache (*logos*), Rhythmus und Melodie. Die Keimzelle für die Entstehung der Dichtung sieht Aristoteles demgemäß in Improvisationen von Menschen, die für diese drei Medien Neigung und Begabung mitbrachten. In der entwickelten Dichtkunst ist die Kombination aller drei Medien das Kennzeichen der Lyrik (im antiken Sinn des Wortes). Diese wird bei Aristoteles durch diejenigen Werke repräsentiert, deren Aufführung das Wettbewerbsprogramm des alljährlich zu Athen begangenen Dionysos-Festes bildet: Der Dithyrambos ist eine rein chorlyrische Darstellung, in der die Chormitglieder den gesamten Text singen und zu ihm tanzen, während es sich bei Tragödie, Satyrspiel und Komödie um lyrisch-dramatische Doppelgattungen handelt, bei denen die in Sprechversen gehaltenen Dialogpartien der Einzelschauspieler mit kombinierten Tanz- und Gesangspartien des Chores abwechseln. Doch können die drei Medien auch einzeln oder in Zweierkombinationen auftreten; allerdings zählt die Verwendung des Rhythmus als Einzelmedium (Pantomime), oder die Kombination von Rhythmus und Melodie (reine Instrumentalmusik) in Ermangelung einer sprachlichen Komponente nicht als Dichtung.

Erklärungsbedürftig ist das Medium «Rhythmus». Aristoteles verwendet nämlich zur Aufzählung der drei Medien zunächst die Formulierung «Sprache, Rhythmus, Melodie» (1447^a22) und bald darauf die Formulierung «*Metrum*, Rhythmus, Melodie» (1447^b25); demnach kann der Platz der «Sprache» gegebenenfalls vom «Metrum» eingenommen werden, während der «Rhythmus» als eigenständiges Medium neben dem «Metrum» steht.

Ein «Metrum» liegt vor, wenn die Silben, deren lange oder kurze Dauer schon mit der altgriechischen Sprache selbst gegeben ist, mittels gezielter Wortstellung zu einem bestimmten Muster von Längen und Kürzen angeordnet sind. Da das «Metrum» in der zweiten Aufzählung die gleiche Systemstelle einnimmt wie die «Sprache» in der ersten, macht es für Aristoteles offenbar keinen systemrelevanten Unterschied, ob die inhärenten Längen und Kürzen des Mediums Sprache zu metrischen Mustern arrangiert sind – dann spricht er von «Metrum» – oder nicht – dann spricht er von «bloßer» Sprache.

Wenn Aristoteles nun aber neben das so verstandene «Metrum» als eigenständiges Medium den «Rhythmus» stellt, dann bezeichnet offenbar «Rhythmus» eine übergeordnete Gestaltungsebene, die zur metrischen Regelung der Folge von Längen und Kürzen hinzukommen kann. Während in reinen Sprechversen wie dem epischen Hexameter oder dem iambischen Trimeter als einziges Medium die – in diesem Fall metrisch arrangierte – Sprache (*logos*) auftritt, wird z. B. in chorlyrischer Dichtung bestimmten Silben bzw. Silbengruppen zusätzlich eine Fußsetzung (*thesis*) der Tänzer und anderen Silben bzw. Silbengruppen eine Fußhebung (*arsis*) der Tänzer zugeordnet – eine Zuordnung, die sich aus der bloßen Anordnung langer und kurzer Silben ja keineswegs von selbst ergibt. Demnach bilden die Metren, sobald zusätzlich das Medium des Rhythmus eingesetzt wird, zugleich das Material bzw. die Infrastruktur der rhythmischen Gestaltung (vgl. $1448^{b}21$–22). Diese Differenzierung zwischen Rhythmus und Metrum entspricht genau der Rhythmus-Theorie des Aristoteles-Schülers Aristoxenos von Tarent.

Erst vor diesem Hintergrund wird nun eine Aristotelische Bestimmung verständlich, die man im 20. Jahrhundert durch massive Eingriffe in den Text aus der Welt zu schaffen versucht hat. Nach dem überlieferten Wortlaut von $1447^{a}28$–$^{b}13$ erhebt Aristoteles nämlich die Forderung, all die Nachahmungen, in denen als einziges Medium die Sprache (*logos*) verwendet wird, zu einer einheitlichen Gruppe zusammenzufassen: sei es die mimetische Prosa, wie sie im sizilischen Prosa-Sketch oder im Sokratischen Dialog vorliegt, sei es hexametrische, iambische oder elegische Sprechversdichtung. Die Einführung dieser Gruppe wäre aber im vorliegenden Kontext – der Abgrenzung verschiedener Dichtungsgattungen – unverständlich, wenn Aristoteles nicht sämtliche dieser Gruppe angehörenden Textsorten der Dichtung zurechnete.

Demnach lässt Aristoteles die traditionell als Bestimmungsmerkmal der Dichtung betrachtete Bindung der Sprache an ein Versmaß (Metrum) nicht nur nicht als hinreichende Bedingung für das Vorliegen von Dichtung gelten, sondern auch nicht als notwendige. Damit hat er den überkommenen Umfang des Dichtungsbegriffs entschieden verändert: Er hat nicht nur Versifikationen wie das Empedokleische Lehrgedicht, die er für nicht-mimetische Sachtexte hält, aus der Dichtung ausgeschlossen, sondern er hat umgekehrt die mimetische Prosa erstmals der Dichtung zugerechnet. Dass mithin auch der fiktionale Prosadialog, wie er in Platons Dialogen vorliegt, als Dichtung zu klassifizieren ist, stellt angesichts der Platonischen Dichtungskritik eine besondere Pointe dar. Doch auch z.B. der erst nach-Aristotelische Prosaroman fällt der Sache nach unter den Aristotelischen Begriff der Dichtung.

Das charakterliche Niveau der handelnden Personen

Objekt der dichterischen Nachahmung ist nach Aristoteles der handelnde Mensch; wobei unter Handlung (*prāxis*) nicht irgendeine Tätigkeit zu verstehen ist, sondern eine kohärente Sequenz mit Anfang, Mitte und Ende, deren einzelne Schritte kausal miteinander verbunden sind. Am Anfang einer Handlung kann z. B. der Entschluss (*prohairesis*) der Hauptperson stehen, ein bestimmtes Ziel zu verfolgen, in der Mitte stehen alle Schritte, die die Hauptperson zur Erreichung dieses Ziels unternimmt sowie die Wirkungen dieser Schritte, die Reaktionen anderer usw., und am Ende steht der definitive Erfolg oder das definitive Scheitern. In ihren Handlungen zeigen die Menschen nun bestimmte charakterliche Dispositionen; und eben hierauf beruht nach Aristoteles das zweite fundamentale Kriterium zur Differenzierung der verschiedenen Dichtungsarten: Das Objekt der dichterischen Nachahmung, d. h. die dargestellte Handlung, kann hinsichtlich der charakterlichen Disposition des Handelnden entweder höher oder niedriger als der Durchschnitt stehen oder gegebenenfalls auch dem Durchschnitt entsprechen. Dieses Kriterium liegt in vereinfachter Form auch dem Aufbau der Aristotelischen Poetik zu Grunde: Im erhaltenen ersten Buch behandelt Aristoteles die wichtigsten «hohen» Gattungen, nämlich die Tragödie (Kapitel 6–22) und das Homerische Heldenepos (Kapitel 23–26), im verlorenen zweiten Buch aber behandelte Aristoteles die wichtigsten «niedrigen» Gattungen, nämlich das iambische Schmähgedicht und die Komödie.

Hierarchie zwischen Erzählung und Figurenrede

In erzählender Dichtung können, wie vor allem im Homerischen Epos, zahlreiche wörtliche Reden handelnder Personen eingeschaltet sein; umgekehrt kann ein dramatischer Dichter seinen Figuren auch längere Erzählungen in den Mund legen, wie vor allem die Botenberichte der attischen Tragödie zeigen. Dennoch besteht zwischen erzählender und dramatischer Nachahmung ein prinzipieller Unterschied, und zwar hinsichtlich der

Hierarchie zwischen Erzählung und Figurenrede. In erzählender Dichtung ist die Erzählerinstanz übergeordnet: Sie ist der primäre Träger der Nachahmung und wörtliche Rede handelnder Personen findet nur Eingang, wenn sie von der Erzählerinstanz wiedergegeben wird. In dramatischer Dichtung ist die Figurenrede übergeordnet: Primäre Träger der Nachahmung sind die sprechenden und zugleich in körperlicher Bewegung darstellenden Schauspieler, und Erzählung findet nur Eingang, wenn sie einer oder mehreren der auftretenden Figuren in den Mund gelegt wird. In diesem Sinne scheidet sich an der Hierarchie zwischen Erzählung und Figurenrede die erzählende von der dramatischen Dichtung, und eben hierin sieht Aristoteles das dritte Kriterium zur Differenzierung der verschiedenen Dichtungsarten.

Gattungsbestimmung und Gattungsgeschichte

Der systematische Ort einer bestimmten poetischen Gattung ergibt sich erst aus der Anwendung aller drei Kriterien. Die Tragödie z. B. hat mit der Komödie die alternierende Verwendung der Sprache als Einzelmedium einerseits und lyrischer Kombination aller drei Medien andererseits gemeinsam, mit dem Homerischen Epos die Zugehörigkeit zu den Nachahmungen «hoher» charakterlicher Disposition und mit dem Sokratischen Dialog (sofern Letzterer in reiner Figurenrede gestaltet ist) die Überordnung der Figurenrede über die Erzählung. Deshalb stellt sich auch die Entwicklungsgeschichte der Tragödie sehr verschieden dar, je nachdem, welches der drei Kriterien man privilegiert.

So skizziert Aristoteles im ersten Teil des vierten Kapitels ($1448^{b}24$–$1449^{a}6$) zunächst diejenige Geschichte der Dichtung, die sich aus der Perspektive der Hoch/Niedrig-Differenz ergibt: Die zur dichterischen Mimesis begabten Menschen wandten sich je nach ihrem eigenen Charakter der Nachahmung hochstehender oder aber niedriger Handlungen zu. Daraus ergaben sich im Lauf der Kulturentwicklung zwei Sukzessionen von Dichtungsgattungen: Zur «hohen» Sukzession gehören alle

Dichtungsgattungen, in denen Handlungen edler Menschen nachgeahmt werden – Götterhymnen, Heldenepen, Tragödien –, zur «niedrigen» Sukzession die Gattungen, die Handlungen schlechter Menschen nachahmen – Spott- und Schmähgedichte, Burlesken, Komödien. Für die attische Tragödie ergibt sich daraus, dass sie in der Nachfolge des Homerischen Epos und der Götterhymnen steht.

Doch damit koexistiert im zweiten Teil des vierten Kapitels (1449^a7–31) eine ganz andere Entwicklungsgeschichte der attischen Tragödie, nämlich diejenige, die sich aus der Perspektive des ersten Kriteriums, der Medienkombination, ergibt. Die für das attische Drama charakteristische Alternation von Sprechvers und Chorlyrik führt Aristoteles letzten Endes auf die Interaktion improvisierender Vorsänger mit dem Gemeindechor zurück. Dabei gibt er als Ursprungsform der Tragödie eine primitive Form des dionysischen Dithyrambos an, in dem, wie er aus Archilochos (Fr. 120 West) erschloss, ein einzelner Sprecher im Medium des trochäischen Tetrameters mit einem lyrischen Chor interagierte. Von hier aus führte der Weg um 600 v. Chr. zu einer erstmals rollenspielhaften Zwischenstufe, nämlich dem für Arion bezeugten Satyr-Dithyrambos, in dem eine Vorsängergestalt im Zusammenwirken mit einem Chor dionysischer Satyrn eine einfache Handlung nachahmte. Auf dieser Grundlage schließlich schuf um 533 v. Chr. Thespis die attische Tragödie, indem er den alten Vorsänger zum ersten Einzelschauspieler verselbständigte. Zu diesem Hergang stimmt Aristoteles' weitere Feststellung, dass die Sprachform der Tragödie sich aus einer zunächst spaßhaften Redeweise entwickelt habe, dass die Tragödie erst spät ernst geworden sei, dass sie erst nach vielen Wandlungen zu ihrem Wesen gefunden habe. Nimmt man beide Entwicklungsgeschichten zusammen, dann zeigt sich, dass der Tragödie die tragische Handlungsform und der tragische Ernst erst im späten 6. Jahrhundert v. Chr. zuwuchsen, als Thespis die medialen Möglichkeiten von Arions Satyr-Musical zur Darstellung eines Handlungstypus umfunktionierte, wie er im Homerischen Epos vorlag.

14. Wirkung

Mittelalter und Neuzeit

Im 12. und 13. Jahrhundert erlebte der Aristotelismus mit den Werken u. a. von Averroës, Albert dem Großen und Thomas von Aquin und mit der Übersetzung wichtiger Aristotelischer Werke ins Lateinische (S. 37) einen Höhepunkt. Thomas von Aquin war davon überzeugt, dass Kernfragen des christlichen Glaubens durch rational-wissenschaftliche Argumentation dargelegt und unterstützt werden können – wobei er diese rationale Rekonstruktion weitgehend durch die Übernahme Aristotelischer Philosophie zu bewerkstelligen suchte. Sein theologisches Werk *Summa Theologiae* ist von Einsichten durchdrungen, die er seinen Aristoteles-Kommentaren entnahm. Im Streit um die sogenannten «averroistischen» Thesen, welche vor allem Überlegungen zum Aristotelischen Intellekt, dem *nūs* (S. 85), und zu seiner Einzigartigkeit enthielten, bezog Thomas von Aquin Stellung gegen die Thesen von Averroës und seiner Anhänger im Westen.

Im Jahr 1277 markierte die Verurteilung von 219 Thesen durch den Bischof von Paris einen Wendepunkt in dem Versuch, Aristotelische Thesen in die christliche Theologie zu integrieren. Viele dieser verbotenen Thesen waren teils durch Averroës' Deutung der Aristotelischen Philosophie, teils aber einfach durch eine Aristotelische Weltsicht im Allgemeinen inspiriert. Die Verurteilung bestätigte gewissermaßen die Grenzziehung zwischen Philosophie und Theologie, nach der Philosophie nur Dienerin der Theologie sein, sich aber nicht an zentralen Glaubensgehalten erproben sollte. Für einen aristotelisch gesinnten Philosophen bedurfte es in der Tat einiger Anstrengung, z. B. die Wiederauferstehung nach dem Tod, die Erschaffung der Welt oder die Wandlung von Brot und Wein in der Messe zu Jesu Christi Leib und Blut zu erklären. Wenn man z. B. die Wandlung im Lichte von Aristoteles' Substanzlehre (S. 63) zu analysieren sucht, stößt man schnell auf das Problem, dass keine Substanz (wie z. B. Brot) in eine andere Substanz (wie z. B. Jesus Christus) übergehen kann.

In der Philosophie der Renaissance kam es immer wieder zu Debatten zwischen Platonikern und Aristotelikern und oft wurde dabei Platon größere Sympathie entgegengebracht. Außerdem erschien vielen der gerade wiederentdeckte Epikur mit seinem atomistischen Weltbild besser vereinbar mit der zeitgenössischen Naturwissenschaft. Die Aristoteles-Rezeption im 15. und 16. Jahrhundert ist dadurch geprägt, dass das Interesse an Themen der Aristotelischen Metaphysik gegenüber den Interpretationen seiner *Rhetorik* und *Poetik* mehr und mehr in den Hintergrund rückte. Im 16. Jahrhundert entstanden zahlreiche Übersetzungen und Kommentare dieser beiden Werke.

Was hingegen Aristoteles' Metaphysik und sein Weltbild im Allgemeinen angeht, so war die Philosophie der Neuzeit im 17. Jahrhundert vor allem durch anti-aristotelische Positionen geprägt. Bei der dabei vorherrschenden Polemik wurde zwar oftmals Aristoteles zu Unrecht mit der Tradition der mittelalterlichen Scholastik gleichgesetzt, es wurden aber durchaus auch Kernthesen der Aristotelischen Philosophie angegriffen. René Descartes z. B. attackierte Aristoteles' These, die veränderliche Welt bestehe aus Form und Materie, und setzte dagegen die These, es gebe genau zwei Arten von Substanz, die Materie als *res extensa* und die bewusste Substanz, die *res cogitans*. Thomas Hobbes übte scharfe Kritik an Aristoteles' Philosophie im Allgemeinen, wenngleich er dessen Verdienste für die Rhetorik und Zoologie anerkannte. Vor allem aber geriet Aristoteles' naturwissenschaftliches Weltbild unter Druck und erwies sich in verschiedenen Hinsichten als obsolet. Die Überwindung des geozentrischen Weltbilds durch Nikolaus Kopernikus, Giordano Bruno und Galileo Galilei entzog der Aristotelischen Kosmos-Konzeption die Grundlage. Aristoteles' Lehre von einem natürlichen, den Elementen Erde, Feuer, Wasser und Luft innewohnenden Bewegungsimpuls galt spätestens durch die Forschungen von Isaac Newton und Johannes Kepler als überwunden. Bei allen Sympathien und Erneuerungsversuchen, die der Aristotelischen Philosophie immer wieder zuteilwurden, war damit an eine pauschale Übernahme der Aristotelischen Weltsicht nicht mehr zu denken.

Mit der Philosophie Immanuel Kants zum Ende des 18. Jahrhunderts hin schien der Abschied vom Aristotelismus zusätzlich besiegelt. Zwar adelte Kant Aristoteles' Logik, indem er sagte, die Logik habe seit Aristoteles keinen Schritt vorwärts tun können, doch schien durch Kants Wende zu den Bedingungen der Möglichkeit einer Erkenntnis der Welt Aristoteles' unkritischer Ansatz beim Seienden selbst als geradezu hoffnungslos naiv. Für die Benennung seiner «reinen Verstandesbegriffe» griff Kant auf Aristoteles' Bezeichnung «Kategorien» zurück, würdigte grundsätzlich dessen Projekt, aber bemängelte, dass Aristoteles bei der Aufzählung der Kategorien des Seienden nach keinem einheitlichen Prinzip vorgegangen sei, so dass die Aufzählung am Ende «rhapsodistisch» bleibe.

19. und frühes 20. Jahrhundert

Vor diesem Hintergrund mag es überraschend scheinen, dass Aristoteles im 19. Jahrhundert wieder zu erheblichem Ansehen kam. Schon wenige Jahrzehnte nach dem Erscheinen von Kants *Kritik der reinen Vernunft* griffen Georg Wilhelm Friedrich Hegel und Friedrich Wilhelm Joseph Schelling auf Aristotelische Gedanken zurück. Vor allem aber erbrachte das 19. Jahrhundert den Beginn der modernen, auf historisch-kritischen Methoden beruhenden Aristoteles-Forschung. Dabei ging es nicht mehr primär um die Frage, ob man sich gegebenenfalls Teile des Aristotelischen Weltbilds oder seiner Philosophie zu eigen machen will, sondern darum, die Rolle der Aristotelischen Philosophie in ihren philosophiegeschichtlichen Kontext einzuordnen und den Überlieferungsbestand seiner Werke zu sichern. So setzte die Preußische Akademie der Wissenschaften in Berlin im Jahr 1821 eine Kommission zur Herausgabe der Aristotelischen Schriften ein, deren Arbeit bereits im Jahr 1831 die zwei ersten Bände der ersten kritischen Gesamtausgabe des *Corpus Aristo-*

telicum, herausgegeben von Immanuel Bekker, erbrachte. Auch Eduard Zellers Darstellung des Aristoteles in seinem zwischen 1844 und 1852 in erster Auflage erschienenen Werk *Die Philosophie der Griechen in ihrer geschichtlichen Entwicklung* steht für diese neue historisch-kritische Methode. Diese Fortschritte in der historischen und philologischen Forschung führten aber auch dazu, dass sich wieder verstärkt Philosophen der Auseinandersetzung mit der Philosophie des Aristoteles zuwandten. Großen Einfluss hatte die Schule von Friedrich Adolf Trendelenburg, der seit 1833 an der Berliner Universität lehrte und u.a. eine an Aristoteles angelehnte Kategorienlehre entwickelte, in der Kategorien einerseits auf sprachliche Regeln zurückgehen, andererseits aber auch Grundlage des Denkens und Wissens sind.

Einflussreichster Spross der Trendelenburgschule war Franz Brentano, der zunächst mit der Schrift *Von der mannigfachen Bedeutung des Seienden nach Aristoteles* (1862) in Berlin promovierte und sich wenige Jahre später mit der Schrift *Die Psychologie des Aristoteles: insbesondere seine Lehre vom nūs poiētikos; nebst einer Beilage über das Wirken des Aristotelischen Gottes* (1867) habilitierte. Beide Schriften hatten großen Einfluss; die Auseinandersetzung mit Aristoteles' Lehre von der Seele inspirierte Brentano zum Begriff der Intentionalität, mit dem er psychologische Akte beschreibt, die auf Objekte gerichtet sind. Dieser Begriff hatte u.a. Einfluss auf die Philosophie von Edmund Husserl und Roderick Chisholm und wird noch heute als ein Merkmal des Mentalen diskutiert. Allerdings erweckte die Arbeit über Aristoteles' Psychologie zum Zeitpunkt ihres Erscheinens den Argwohn der Fachwelt, weil Brentano für seine Aristoteles-Auslegung ausgiebig Thomas von Aquin zitiert hatte und so den historisch-kritisch gesinnten Kollegen den Eindruck vermittelte, er stünde dem scholastischen Aristotelismus nahe.

Durch Brentanos Doktorarbeit soll auch Martin Heideggers Interesse an Aristoteles und am Begriff des Seienden geweckt worden sein. Heidegger beruft sich aber in *Sein und Zeit* von 1927 nicht nur auf Aristoteles' Analyse des Seienden, sondern auch auf dessen Behandlung der Furcht im zweiten Buch der *Rhetorik*, wobei Heidegger die Furcht als «Modus der Befindlichkeit» mit der existentiellen Sorge und dem «Sein-zum-Tode» in Verbindung bringt. Vorbilder für den von ihm betonten Vollzugscharakter des Seins meint er außerdem in Aristoteles' *Physik* und insbesondere auch in dessen Behandlung der Zeit zu finden.

Im frühen 20. Jahrhundert formierte sich die Richtung der sogenannten «analytischen» Philosophie, die zu Beginn vor allem durch ein Interesse an logisch-semantischen Fragen, Fragen der Wissenschaftstheorie und durch eine radikale Kritik an der traditionellen Metaphysik geprägt war. In seiner Streitschrift *Überwindung der Metaphysik durch logische Analyse der Sprache* von 1931 kritisierte Rudolf Carnap die Orientierung der Metaphysik an dem mehrdeutigen Begriff des Seienden. Somit schien durch die scharfe Metaphysik-Kritik der frühen analytischen Bewegung sowie durch deren Anti-Traditionalismus einer philosophisch motivierten Beschäftigung mit Aristoteles jegliche Berechtigung entzogen.

Ein wesentlicher Impuls für eine Wiederannäherung an Aristoteles ging daher nicht von der Metaphysik, sondern von der Logik aus. In der Zeit zwischen den beiden Weltkriegen nahmen Philosophen der polnischen Universitäten Lemberg und Warschau auf dem Gebiet der von Gottlob Frege (1848–1925) begründeten formalen Logik eine führende Stellung ein. Einer von ihnen, Jan Łukasiewicz (1878–1956), legte in dem bahnbrechenden Buch *Aristotle's Syllogistic from the Standpoint of Modern Formal Logic* (1951) erstmals eine Rekonstruktion der Aristotelischen Syllogistik mit den Mitteln der modernen formalen Logik vor und kam dabei zu dem Ergebnis: «Der bleibende Wert der Aristotelischen Syllogistik beruht darauf, dass sie ein System darstellt, dessen Exaktheit sogar die Exaktheit einer mathematischen Theorie übertrifft.» Damit war Aristoteles, wenn auch zunächst nur auf einem bestimmten Gebiet, als Gesprächspartner fortgeschrittener zeitgenössischer Philosophie rehabilitiert.

Gegenwart

In der Philosophie der Gegenwart gibt es zahlreiche Denker und Schulen, die in der einen oder anderen Weise an Aristoteles anknüpfen, wenngleich diese Erneuerungen meist nur einem genau begrenzten Ausschnitt aus der Aristotelischen Philosophie und nicht seinem System als Ganzem gelten. In der praktischen Philosophie stellt heute z. B. die sogenannte Tugend-Ethik («virtue ethics») eine bedeutende Richtung dar; sie ist in den letzten Jahrzehnten aus dem Versuch hervorgegangen, Aristotelische Ethik gegen die zur Mitte des 20. Jahrhunderts vorherrschenden Tendenzen – den an Kant orientierten Pflicht-Ethikern einerseits und den Konsequentialisten oder Utilitaristen andererseits – in Stellung zu bringen (Elizabeth Anscombe). Die Vorteile einer Tugend-Ethik aristotelischen Typs sieht man u. a. darin, dass in einer solchen Ethik tugendhaftes oder moralisches Verhalten in einem engen Zusammenhang mit dem Ziel des guten Lebens steht, so dass es für den Handelnden außer Frage steht, warum sie oder er tugendhaft handeln soll. Außerdem wird von einer tugendhaften Person nicht nur erwartet, tugendhaft zu handeln, sondern dies mit der richtigen Motivation zu tun, was den Blick auch auf die ethische Bedeutung moralischer Emotionen, wie Entrüstung, Mitleid usw., lenkte. Gegenüber regelgeleiteten Ethiken scheint eine Ethik der Tugenden außerdem den Vorteil zu haben, dass sie das letzte Urteil über das richtige Handeln in einer gegebenen Situation der moralischen Kompetenz und dem Urteil der tugendhaften Person überlässt und dadurch Probleme vermeidet, die aus der Ungenauigkeit oder Kollision allgemeiner Regeln und Normen herrühren würden. Zusammen mit dem Tugendbegriff erlangten auch der Charakter und der Prozess der Charakterformung wieder die Aufmerksamkeit der Philosophen. Dabei steht die Aristotelische Charakterkonzeption für stabile Persönlichkeitsmerkmale, durch die wir in kohärenter Weise handeln und empfinden.

Auch die Art, wie Aristoteles die Tugenden und das gute Leben unter Berufung auf die spezifische Natur des Menschen begründete, finden heute viele Philosophen wieder attraktiv.

Philippa Foot etwa vertritt eine Konzeption des Guten, die von dem Wohlergehen («flourishing») der einzelnen Spezies ausgeht. Da Wohlergehen und Defekte, die für eine bestimmte Spezies typisch sind, keine Frage der nur subjektiven Präferenzen und Wertschätzungen sind, meint Foot bei einer solchen Konzeption einen objektiven Status des Guten gegen subjektivistische, relativistische und emotivistische Tendenzen verteidigen zu können.

Angeregt durch die Auslegung von Aristoteles' einflussreichem *ergon*-Argument (S. 96 f.) entbrannte eine Diskussion darüber, ob und in welcher Weise es überhaupt angemessen ist, ethische Normen unter Rückgriff auf Fakten über die menschliche Natur zu begründen: Müssen z. B. handelnde Personen erst zoologische Experten fragen, um herauszufinden, was die Natur des Menschen beinhaltet? Alasdair MacIntyre und Bernard Williams machen daher Aristoteles den Vorwurf, mit dem *ergon*-Argument eine Art von «metaphysischer Biologie» zu betreiben. Andere halten dagegen, dass erstens die Moral keine Fundierung durch unabhängige, wissenschaftliche Fakten brauche und dass Aristoteles dies auch gar nicht beabsichtige (Julia Annas, John McDowell), weil sich Aristoteles' ethische Schriften immer schon an den mit Moral und Tugend vertrauten Leser richten und das *ergon*-Argument lediglich eine Reflexion des Handelnden über die Möglichkeiten und Grenzen menschlichen Handelns darstelle. Aktuell diskutiert wird auch das Modell der sogenannten «zweiten Natur», das an verschiedene historische Vorbilder, vor allem aber auch an Aristoteles anknüpfen kann: Nach Aristoteles liegt es in der menschlichen Natur, dass der Mensch Tugenden und die praktische Vernunft entwickeln kann. Erst nachdem er diese – unter dem Einfluss von Erziehern, Mitmenschen und dem kulturell-politischen Umfeld – entwickelt hat, kann er Tugenden und Vernunft ausüben. Dies ist dann gewissermaßen seine zweite Natur, die sich aus naturgegebenen Anlagen entwickelt hat, mit der er sich nun aber auch von Impulsen und Ansprüchen der ersten Natur distanzieren kann (McDowell), indem er etwa durch seine erworbene praktische Vernunft urteilt, dass es hier und jetzt nicht richtig wäre, einem erstnatürlichen Impuls zu folgen.

In der politischen Philosophie ist die Berufung auf Aristoteles schon seit der Mitte des 20. Jahrhunderts (Hannah Arendt, Leo Strauss, Eric Voegelin) gang und gäbe. Allerdings ist es in diesem Feld besonders umstritten, worin eigentlich die Kernaussagen der *Politik* bestehen, weswegen Aristoteles mit politischen Theorien ganz unterschiedlicher Provenienz in Verbindung gebracht wird. Häufig wird Aristoteles' politische Philosophie für Erneuerungen von naturrechtlichem Denken in Anspruch genommen. In der Debatte zwischen liberalistischen Denkern wie John Rawls und seinen kommunitaristischen Gegnern wurde Aristoteles' Polis-Denken zum Ideal einer Gemeinschaftsmoral stilisiert, die alle Tugenden und Moralvorstellungen strikt von dem jeweiligen gemeinschaftlichen Gut abhängig macht, um dessentwillen eine bestimmte Gemeinschaft besteht (MacIntyre). Der damit verbundene Relativismus der Tugenden blieb nicht unwidersprochen; Martha C. Nussbaum sieht in Aristoteles' Tugenden eher einen Verweis auf Fähigkeiten («capabilities»), die das Mensch-Sein im Allgemeinen bestimmen, und in Aristoteles' idealem Staat eine Art von früher Sozialdemokratie.

Aristoteles wirkt aber nicht nur in der praktischen Philosophie als Gesprächspartner. Auch in der theoretischen Philosophie der Gegenwart finden sich zahlreiche Ideen, die auf Hauptgedanken der Aristotelischen Metaphysik zurückgehen. So gab und gibt es z. B. unterschiedliche Erneuerungen seines Substanzbegriffs. Peter F. Strawson räumte den Einzeldingen («individuals») in der prädikativen Aussage eine ähnliche Rolle ein wie Aristoteles den Einzelsubstanzen im Verhältnis zu ihren akzidentellen Prädikaten. Wenn David Wiggins argumentiert, dass ein identifizierbares Einzelding unter einen Sortalbegriff (wie Hund, Katze, Maus) fallen muss, dann erinnert das an die untersten Arten, die nach Aristoteles angeben, was eine Einzelsubstanz an sich und wesentlich ist. Die Beschäftigung mit dem Wesen von Dingen oder mit dem Essentialismus ist nach den Arbeiten von Saul Kripke wieder zu einem wichtigen Thema der Metaphysik und der Modallogik geworden. Eine stark von Aristoteles beeinflusste Auffassung der Essenzen vertritt z. B. Kit Fine, der Notwendigkeiten allgemein in den Naturen oder Essenzen der Dinge begründet sein lässt. Auch in mereologischen Fragen – d. h. Fragen nach der Zusammensetzung von Dingen aus ihren Teilen – gibt es Positionen, die jenen des Aristoteles nahestehen, indem sie auf dessen hylemorphistische These zurückgreifen, dass die Dinge der vergänglichen Welt aus Form und Materie zusammengesetzt sind. Grundsätzlich kann sich auch das neuere Interesse der Metaphysik an Fragen der ontologischen Abhängigkeit («ontological dependence») und der metaphysischen Grundlegung oder Begründung («grounding») auf Aristoteles' Untersuchung des Verhältnisses von Substanzen und Nicht-Substanzen berufen: Das Sein nicht-substanzialer Entitäten ist nach Aristoteles jeweils in einem geeigneten Verhältnis zu Substanzen begründet (siehe S. 63 ff. und 68 ff.), und das Sein von vergänglichen Substanzen ist in der Form, die das Wesen der betreffenden Sache ausmacht, begründet.

Literaturverzeichnis

Textausgaben, Übersetzungen

Bekker, Immanuel 1831 ff.: *Aristotelis opera*, 2 Bde., Berlin. (Die Ausgabe des *Corpus Aristotelicum* von I. Bekker ist die kritische Standardausgabe des griechischen Textes. Textausgaben einzelner Werke sind seither in unterschiedlichen Reihen, u.a. bei «Oxford Classical Texts» oder bei «Collection des Universités de France» erschienen.)

Barnes, Jonathan (Hrsg.) 1984: *The Complete Works of Aristotle. The Revised Oxford Translation*, 2 Bde., Princeton.

Flashar, Hellmut / Rapp, Christof (Hrsg.) 1956 ff.: *Aristoteles. Werke in deutscher Übersetzung*, begründet von Ernst Grumach, fortgeführt von H. Flashar, herausgegeben von Ch. Rapp, Berlin.

Einführungen und Sammelbände

Ackrill, John L. 1983: *Aristotle the Philosopher*, Oxford.

Anagnostopoulos, Georgios (Hrsg.) 2009: *A Companion to Aristotle*, Oxford.

Düring, Ingemar 1966: *Aristoteles*, Heidelberg.

Rapp, Christof [5]2016: *Aristoteles zur Einführung*, Hamburg.

Rapp, Christof / Corcilius, Klaus (Hrsg.) 2011: *Aristoteles-Handbuch*, Stuttgart/ Weimar.

Shields, Christopher (Hrsg.) 2012: *Oxford Handbook of Aristotle*, Oxford.

Quellennachweis und Empfehlungen zur weiterführenden Lektüre

Kapitel 2: Cahn, Herbert A. 1958: «Ein Tetradrachmon von Stagira», *Antike Kunst* 1, 37–40. – Campbell, David A. (Hrsg.) 1993: *Greek Lyric V: The New School of Poetry and Anonymous Songs and Hymns*, Cambridge MA / London. – Düring, Ingemar 1957: *Aristotle in the Ancient Biographical Tradition*, Göteborg. – Fox, Robin Lane 1973: *Alexander the Great*, London. – Gaebler, Hugo 1930: Die Münzen von Stagira, *Sitzungsberichte der Preußischen Akademie der Wissenschaften* 19, 293–304. – Gaiser, Konrad 1985: *Theophrast in Assos. Zur Entwicklung der Naturwissenschaften zwischen Akademie und Peripatos*, Heidelberg. – van Herwerden, Henricus 1884–1889: *Ἑροδότου Ἱστορίαι. Praesertim in usum scholarum recognovit et brevi annotatione instruxit Henricus van Herwerden*, 4 Bde., Utrecht. – Jacoby, Felix 1902: *Apollodors Chronik. Eine Sammlung der Fragmente*, Berlin. – Jäger, Werner 1923: *Aristoteles. Grundlegung einer Geschichte seiner Entwicklung*, Berlin. – Kullmann, Wolfgang 2014: *Aristoteles als Naturwissenschaftler*, Boston u.a. – Lasserre, François 1987: *De Léodamas de Thasos à Philippe d'Oponte. Témoignages et fragments*, Neapel.

– Rhodes, P.J./Osborne, R. 2003: *Greek Historical Inscriptions 404–323 BC*, Oxford. – Theodoridis, Christos (Hrsg.) 1976: *Die Fragmente des Grammatikers Philoxenos*, Berlin / New York. – Sismanidis, Konstantinos 2003: *Das antike Stagira. Heimat des Aristoteles*, Athen. – Thompson, Wesley E. 1971: «Attic Kinship Terminology», *Journal of Hellenic Studies* 91, 110–113. – v. Wilamowitz-Moellendorff, Ulrich 1893: *Aristoteles und Athen I*, Berlin. – Zahrnt, Michael 1971: *Olynth und die Chalkidier. Untersuchungen zur Staatenbildung auf der Chalkidischen Halbinsel im 5. und 4. Jahrhundert v. Chr.*, München.

Kapitel 3: Barnes, Jonathan 1997: «Roman Aristotle», in: Barnes, Jonathan / Griffin, Miriam (Hrsg.), *Philosophia togata. II: Plato and Aristotle at Rome*, Oxford, 1–69. – Harlfinger, Dieter 1971: Die Textgeschichte der pseudo-aristotelischen Schrift Περὶ ἀτόμων γραμμῶν. Ein kodikologisch-kulturgeschichtlicher Beitrag zur Klärung der Überlieferungsverhältnisse im Corpus Aristotelicum, Amsterdam. – Gutas, Dimitri 1998: *Greek Thought, Arabic Culture. The Graeco-Arabic Translation Movement in Baghdad and Early ʻAbbāsid Society (2nd–4th/8th–10th centuries)*, Abingdon. – Primavesi, Oliver 2005: «Ein Blick in den Stollen von Skepsis: Vier Kapitel zur frühen Überlieferung des *Corpus Aristotelicum*», *Philologus* 151, 51–77. – Rashed, Marwan 2001: *Die Überlieferungsgeschichte der aristotelischen Schrift De generatione et corruptione* (= Serta Graeca Bd. 12), Wiesbaden.

Kapitel 4: Corcoran, John 1974: «Aristotle's Natural Deduction System», in: Ders. (Hrsg.) *Ancient Logic and its Modern Interpretations*, Dordrecht, 85–131. – Kapp, Ernst 1942: *Greek Foundations of Traditional Logic*, New York. – Łukasiewicz, Jan 1951: *Aristotle's Syllogistic from the Standpoint of Modern Formal Logic*, Oxford. – Patzig, Günther 1959: *Die aristotelische Syllogistik. Logisch-philologische Untersuchungen über das Buch A der «Ersten Analytiken»*, Göttingen (3. verbesserte Auflage Göttingen 1969). – Primavesi, Oliver 1996: *Die Aristotelische Topik: Ein Interpretationsmodell und seine Erprobung am Beispiel von Topik B* (= Zetemata Heft 94), München.

Kapitel 5: Judson, Lindsay (Hrsg.) 1991: *Aristotle's Physics*, Oxford. – Leunissen, Mariska 2015 (Hrsg.): *Aristotle's Physics. A Critical Guide*, Cambridge.

Kapitel 6: Barnes, Jonathan ²1994: *Aristotle's Posterior Analytics. Translation with Notes*, Oxford. – Bronstein, David 2016: *Aristotle on Knowledge and Learning: The Posterior Analytics*, Oxford. – Detel, Wolfgang 1993: *Aristoteles, Analytica Posteriora*. Übersetzung und Erläuterung, 2 Bde., Berlin.

Kapitel 7: Code, Alan 1997: «Aristotle's Metaphysics as a Science of Principles», *Revue Internationale de Philosophie* 201, 358-378. – Frede, Michael / Patzig, Günther 1988: *Aristoteles, Metaphysik Z. Text, Übersetzung, Kommentar*, 2 Bde., München. – Menn, Stephen (im Erscheinen): *The Aim and Argument of Aristotle's Metaphysics*. – Rapp, Christof (Hrsg.) 1996: *Aristoteles. Die Substanzbücher der Metaphysik* (= Klassiker Auslegen Band 4), Berlin.

Kapitel 8: Frede, Michael / Charles, David (Hrsg.) 2007: *Aristotle's Metaphysics Lambda*, Symposium Aristotelicum, Oxford. – Oehler, Klaus 1955: «Der Beweis für den unbewegten Beweger bei Aristoteles (Metaph. Λ 6. 1071b3–20)», *Philologus* 33, Heft 1–2, 70–92 (= Ders. [Hrsg.], *Antike Philosophie und Byzantini-*

sches Mittelalter. Aufsätze zur Geschichte des Griechischen Denkens, München 1969, 162–183).

Kapitel 9: Nussbaum, Martha C. / Rorty, Amelie O. (Hrsg.) 1992: *Essays on Aristotle's De Anima*, Oxford. – Polansky, Ronald 2007: *Aristotle's De anima*, Cambridge. – Shields, Christopher 2016: *Aristotle, De Anima*, Oxford.

Kapitel 10: Balme, David M. 1962: «ΓΕΝΟΣ and ΕΙΔΟΣ in Aristotle's Biology», *Classical Quarterly* NS 12, 81–98. – Cho, Dae-Ho 2003: *Ousia und Eidos in der Metaphysik und Biologie des Aristoteles*, Stuttgart. – Kullmann, Wolfgang 2007: *Aristoteles, Über die Teile der Lebewesen*, Berlin. – Lennox, James G. 2000: *Aristotle's Philosophy of Biology*, Cambridge 2000. – Leunissen, Mariska 2010: *Explanation and Teleology in Aristotle's Science of Nature*, Cambridge.

Kapitel 11: Frede, Dorothea (im Erscheinen): *Aristoteles, Nikomachische Ethik*. Übersetzung und Erläuterung, Berlin. – Höffe, Otfried (Hrsg.) 1995: *Aristoteles. Die Nikomachische Ethik* (= Klassiker Auslegen Band 2), Berlin. – Polansky, Ronald (Hrsg.) 2014: *The Cambridge Companion to Aristotle's Nicomachean Ethics*, Cambridge.

Kapitel 12: Höffe, Otfried (Hrsg.) 2001: *Aristoteles, Politik* (= Klassiker Auslegen Band 23), Berlin. – Schütrumpf, Eckart 1991–2005: *Aristoteles. Politik*. Übersetzung und Erläuterungen, 4 Bde., Berlin.

Kapitel 13: Halliwell, Stephen 1986: *Aristotle's Poetics*, London (Second impression, Chicago 1998). – Höffe, Otfried (Hrsg.) 2009: *Aristoteles. Poetik* (= Klassiker Auslegen Band 38), Berlin. – Primavesi, Oliver 2009: «Zur Genealogie der Poesie (Kap. 4)», in: Höffe 2009, 47–67. – Primavesi, Oliver 2013: «Aristoteles Poetik 1: Die Poetizität philosophischer Texte und die Unterscheidung zwischen Metrum und Rhythmus» in: M. Erler/J. E. Heßler (Hrsg.), *Argument und literarische Form in antiker Philosophie*, Berlin / Boston, 239–281. – Rapp, Christof 2009: «Aristoteles über das Wesen und die Wirkung der Tragödie (Kap. 6)», in: Höffe 2009, 87–104.

Kapitel 14: Annas, Julia 1993: *The Morality of Happiness*, Oxford. – Anscombe, G.E.M. 1958: «Modern Moral Philosophy», *Philosophy* 33, 1–19. – Fine, Kit 1994: «Essence and Modality», J. Tomberlin. (Hrsg.): *Logic and Language* (= Philosophical Perspectives 8), Atascadero, 1–16. – Foot, Philippa 2001: *Natural Goodness*, Oxford. – MacIntyre, Alasdair 1985: *After Virtue*, London. – McDowell, John 1996: «Two Sorts of Naturalism», in: R. Hursthouse / G. Lawrence / W. Quinn (Hrsg.): *Virtues and Reasons*, Oxford, 149–179. – Nussbaum, Martha / Sen, Amartya (Hrsg.) 1993: *The Quality of Life*. Oxford. – Strawson, Peter F. 1959: *Individuals*, London. – Wiggins, David 2001: *Sameness and Substance Renewed*, Cambridge. – Williams, Bernard 1985: *Ethics and the Limits of Philosophy*, Cambridge, MA.